AF592361

MÉMOIRES

POUR SERVIR

A L'HISTOIRE

DE LOUIS XVIII,

ROI DE FRANCE ET DE NAVARRE.

Imprimerie de GUIRAUDET, [illegible]
Saint-Honoré, n° 315

MÉMOIRES

POUR SERVIR

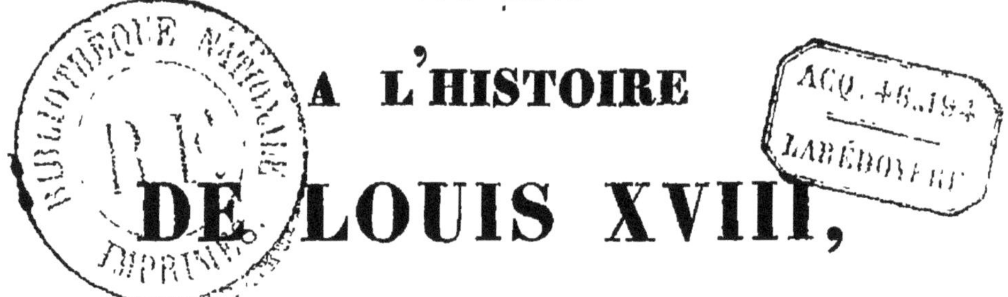

A L'HISTOIRE DE LOUIS XVIII,

ROI DE FRANCE ET DE NAVARRE,

Par l'Auteur

Des Mémoires du Duc d'Enghien.

A PARIS,
CHEZ GALLIOT, LIBRAIRE,
BOULEVARD DE LA MADELEINE, N° 17.

1824.

MÉMOIRES

POUR SERVIR

A L'HISTOIRE

DE LOUIS XVIII,

ROI DE FRANCE ET DE NAVARRE.

PREMIÈRE PARTIE.

VIE DE LOUIS XVIII JUSQU'A SON RETOUR EN FRANCE.

LIVRE PREMIER.

ÉDUCATION ET ÉMIGRATION DU PRINCE; SA VIE JUSQU'A SON AVÉNEMENT AU TRÔNE.

CHAPITRE PREMIER.

Exposition.

LORSQUE celui qui fait régner les Rois et dispose à son gré des empires, après avoir appesanti sa main sur les peuples qu'il se propose de châtier, veut enfin, touché de leur repentir et de leur misère, leur donner des preuves de sa miséricorde et briser les instrumens de sa vengeance, il envoie en signe de réconciliation un de ces bons princes qu'il se plaît à éprouver long-temps par l'adversité; va les chercher lui-même sur la terre d'exil, les prend par la main, et, les faisant remonter sur le trône, il leur dit, comme autrefois à David: « Tu es le pasteur de ce peuple, viens « et règne sur Israël. » Le monarque, rendu à son peuple fidèle, après avoir cicatrisé les plaies qu'avaient faites à l'Etat de longues dissensions et des guerres étrangères, donne à ses sujets, pour gage de son amour, un de ces ouvrages immortels qui, en garantissant les droits des nations, assurent le bonheur des générations futures.

Nous lisons, dans les anciens historiens, que, lorsque Marc-Aurèle, parvenu à l'empire, eut déclaré qu'il ne voulait régner que par les lois, ce ne fut qu'un cri d'admiration dans tout l'univers, et le peuple romain, si long-temps avili par le despotisme de Tibère et de Domitien, fut rendu, par les soins du nouvel empereur, aux vertus et aux mœurs héroïques de ses ancêtres, et retrouva sous le règne paisible de ce monarque l'heureuse liberté dont avaient joui les Scipion et les Métellus, associée au gouvernement d'un seul : aussi à sa mort tout l'empire prit le deuil, et la postérité, devant laquelle s'abaissent les flatteries du pouvoir et les exagérations des courtisans, confirma les noms de Père et de Bienfaiteur de la patrie, que les Romains lui avaient donné. Que si ce prince a été ainsi loué pour avoir rétabli le règne des lois dans Rome esclave, quels éloges la postérité ne donnera-t-elle pas à un roi qui, héritier de la monarchie la plus ancienne de l'univers, a voulu que désormais les bornes de l'autorité royale fussent dans la loi, et que jamais ses successeurs ne pussent enfreindre le pacte fondamental que, dans sa haute sagesse, il a donné à son peuple, suivant en cela, il est vrai, les exemples des plus illustres de ses prédécesseurs : car la France se rappellera toujours qu'elle est redevable de ses franchises à Louis-le-Gros, Louis XI et Saint-Louis, que le bon roi accorda de grands priviléges à plusieurs villes, et qu'enfin Louis XVI, de sainte mémoire, mérita le nom de Restaurateur de la liberté et de Père de la patrie, pour avoir détruit les restes du régime féodal, sous lequel gémissaient encore quelques provinces du royaume.

Louis XVIII, après de longs malheurs, rappelé par les vœux de ses peuples au trône de ses ancêtres, n'a pas hésité à marcher sur de si nobles traces. Il est revenu, l'olivier de la paix à la main, prêt à fermer toutes nos plaies, à apaiser toutes nos dissensions, à mettre un terme à toutes nos misères, et nous apportant, pour gage de son amour, sa Charte constitutionnelle, pacte immortel qui lie à jamais le monarque à la nation, et assure les droits des Français. Son règne, pour avoir été pacifique, n'en a pas jeté moins d'éclat. La religion rendue à son antique splendeur, les lettres et les sciences encouragées, un grand nombre de monumens élevés dans plusieurs parties du royaume, l'Espagne pacifiée, un généreux secours donné aux chrétiens d'Orient, le crédit élevé au plus haut degré de prospérité, les finances parfaitement rétablies, enfin la France florissante et remise de trente ans de malheurs intérieurs et de guerres étrangères, tels sont les heureux fruits d'un règne aussi long que glorieux. C'est avec ces titres de gloire, c'est environné de tous les grands capitaines et des hommes illustres qu'a produits pendant un demi-siècle la vieille et la nouvelle France, que ce grand et bon prince se présente à la postérité.

CHAPITRE II.

Naissance et Éducation de M. le comte de Provence.

Le fils aîné de Louis XV, le grand Dauphin, Prince également recommandable par ses hautes vertus, sa piété et l'étendue de ses connaissances, eut de son mariage avec Marie-Josèphe, princesse de Saxe, trois fils : monseigneur le duc de Berry (Louis XVI), prince infortuné qui a disparu au milieu de nos tempêtes politiques ; monseigneur le comte de Provence (Louis XVIII), dont la France déplore la perte, et monseigneur le comte d'Artois (Charles X), heureusement régnant. Madame Elisabeth, ce noble modèle de toutes les vertus, était la sœur de ces Princes.

Le grand Dauphin voulut lui-même présider à l'éducation de ses enfans. Lorsqu'on leur suppléa les cérémonies du baptême, il leur fit observer que leurs noms étaient inscrits, sur les registres de l'église, à côté de ceux des autres enfans baptisés avec eux. « En voyant

« leur dit-il, vos noms confondus ici avec
« ceux du peuple, apprenez que les distinc-
« tions dont vous jouissez ne viennent pas de
« la nature, qui a fait tous les hommes égaux :
« la vertu seule met entre eux une véritable
« différence, et peut-être que l'enfant d'un
« pauvre, dont le nom précède le vôtre, sera
« plus grand aux yeux de Dieu que vous ne
« le serez jamais aux yeux des peuples. »

Monseigneur le comte de Provence charmait ce tendre père par son application et sa promptitude à saisir les leçons de ses maîtres. On citait du jeune Prince des reparties fines, des saillies spirituelles, et des traits d'humanité qui annonçaient un bon cœur. Un jour, on raconte en sa présence qu'un navire français avait échoué sur les côtes de l'île Bisagos, que l'équipage était tombé au pouvoir des insulaires, et qu'il était à craindre que les malheureux naufragés ne fussent les victimes de la cruauté des barbares. Le Prince court aussitôt vers ses frères, il leur fait un récit touchant de ce qu'il vient d'apprendre, les engage à contribuer à la délivrance des prisonniers, et obtient facilement ce qu'il désire. Par les soins des enfans du grand Dauphin, deux bâtimens furent équipés, et allèrent chercher des Français malheureux sur une côte inhospitalière où ils avaient déjà tout perdu, jusqu'à l'espérance.

Monseigneur le comte de Provence se livra à l'étude des écrivains les plus illustres de l'antiquité avec une application soutenue. L'histoire fixa principalement ses regards ; l'histoire, qui, selon Bossuet, peut seule faire découvrir aux princes *ce que peuvent les passions et les intérêts, les temps et les conjonctures, les bons et les mauvais conseils*. L'économie politique fut aussi l'objet de son attention, et il en fit une étude particulière. Monseigneur le duc de Berry reconnaissait avec plaisir la supériorité des talens de son frère, et toutes les fois qu'on discutait en sa présence une question qu'il n'osait résoudre : « Allons la soumettre, disait-il, à mon frère de Provence. »

La mort ravit trop tôt à ces jeunes Princes un père qu'ils adoraient. La France se rappellera long-temps les vœux que fit pour elle, sur son lit de mort, le petit-fils de Louis XIV : « Mon Dieu, répétait-il souvent, protége à « jamais ce royaume. » Dieu, dans sa colère, avait résolu de nous châtier, et le sang du fils aîné de monseigneur le Dauphin pouvait seul apaiser son ressentiment. Madame la Dauphine ne tarda pas à suivre dans la tombe son illustre époux. Les augustes orphelins ne trouvèrent plus que dans la religion et dans la tendresse de leurs tantes, Madame Adélaïde et Madame Victoire de France, quelque adoucissement à leur profonde douleur. Monseigneur le duc de Provence, suivant l'exemple de son vertueux père, chercha dans l'étude une distraction à ses peines.

Dans le courant de l'année 1771, il épousa Joséphine de Savoie, fille du roi Victor-Emmanuel, et sœur de ce dernier roi Emmanuel qui, dans des circonstances critiques, a déployé un si noble caractère. Le mariage fut célébré le 14 mai, dans la chapelle du château de Versailles. « Monsieur mon frère, lui dit le lendemain Monseigneur le comte d'Artois, vous aviez la voix bien forte, hier. — J'aurais voulu, répondit le jeune prince, qu'on pût l'entendre à Turin. »

CHAPITRE III.

Avénement de Louis XVI au trône. — Voyage de Monseigneur le comte de Provence dans le midi.

CEPENDANT le Roi Bien-Aimé descendit dans la tombe. L'ordre de la succession appela au trône monseigneur le duc de Berry, son petit-fils. Ce jeune Prince avait été élevé d'une manière austère; né avec un sens droit, un esprit juste, que de sages instituteurs avaient cultivé avec soin, et possédant des connaissances fort étendues sur les devoirs des Rois, il effaçait par sa timidité toutes ses belles qualités. Il crut appeler à son aide l'expérience, en confiant à M. de Maurepas le gouvernement de l'État. Le premier acte du nouveau ministre fut le rappel des Parlemens. MONSIEUR, au milieu de l'enthousiasme que causa cette grande mesure, ne dissimula pas la peine que lui faisait éprouver le rétablissement de ces grands corps, qui avaient toujours été les ennemis de l'autorité royale. « Le parlement, dit-il au Roi son frère, « a remis sur la tête de feu notre grand-père la « couronne que l'ancien parlement lui avait « en quelque sorte ravie, et le chancelier Mau- « peou, que vous venez d'exiler, lui avait fait « gagner le procès que les Rois vos aïeux sou- « tenaient contre les Parlemens depuis deux « siècles. Le procès était jugé, et vous, mon « frère, vous cassez le jugement pour recom- « mencer la procédure. »

En même temps, il remit à Louis XVI un mémoire écrit avec force et clarté, où il rappelait tout ce que les anciens Parlemens avaient tenté pour abaisser l'autorité royale. Le Roi, entraîné par ses ministres, crut céder au vœu de la nation, et prépara ainsi ces dissensions entre la Cour et les Parlemens, dissentions qui amenèrent les États généraux, bouleversèrent le royaume, et causèrent la révolution la plus extraordinaire dont les annales du monde fassent mention.

Monsieur, après avoir rempli son devoir, rentra dans la vie privée, et partagea son temps entre l'étude et les devoirs de son rang.

Dans le courant de l'année 1777, il forma, ainsi que son frère Monseigneur le comte d'Artois, le projet de visiter les provinces du midi de la

France. Il partit le 10 juin, accompagné de plusieurs seigneurs de la Cour. Le peuple se porta partout en foule sur son passage, et on l'accueillit comme le noble frère d'un Roi que l'on adorait. A Toulouse, MONSIEUR voulut que l'académie des Jeux Floraux lui fût présentée, même avant les Cours souveraines. « Monsei-
« gneur, lui dit l'orateur de l'Académie, c'est à
« l'éloquence et à la poésie à vous peindre fai-
« sant, dans l'âge des plaisirs, vos plus chères dé-
« lices de la retraite et de l'étude; partageant
« ce goût enchanteur avec l'auguste princesse
« dont les vertus réunies font le bonheur de
« vos jours; écartant des avenues du trône la
« flatterie et le mensonge; y ramenant la vé-
« rité, si souvent bannie des Cours; inspirant
« enfin par la force de l'exemple ce saint res-
« pect pour les mœurs, d'où dépendent la gloire
« des nations et la stabilité de empires. »

Le prince répondit qu'il connaissait depuis long-temps la célébrité de l'Académie, et que ce qu'il venait d'entendre confirmait l'idée qu'il en avait déjà. Le lendemain, il assista à une séance particulière de la société, et s'entretint avec plusieurs savans distingués.

Arrivé à Sorèse, il y fut reçu au bruit d'une musique militaire. Les élèves se portèrent à sa rencontre, et l'accompagnèrent jusqu'à l'appartement qui avait été préparé dans l'école même pour le recevoir. Monseigneur le comte de Provence parcourut les classes, assista aux exercices des élèves, et en interrogea plusieurs. Etant entré dans le réfectoire à l'heure du dîner des élèves, le jeune Bonneval lui dit avec grâce: « Monseigneur, à Versailles, l'on voit manger les Princes; à Sorèse, les Princes nous font l'honneur de venir nous voir manger. » MONSIEUR sourit à cette saillie, et embrassa tendrément le jeune Bonnéval. Avant de partir, il accorda un congé général, et témoigna publiquement sa satisfaction de l'ordre qui régnait dans cette école: « Rien ne m'a plus flatté que votre établissement, dit-il au directeur. »

La Provence le reçut avec un empressement et un enthousiasme impossibles à décrire. A Marseille, six mille jeunes gens en uniforme, suivis d'un peuple immense, allèrent au-devant de lui, et lui formèrent une garde d'honneur. Il visita d'abord avec le plus grand soin les manufactures et le port. Les prud'hommes, ou patrons pêcheurs, lui donnèrent une fête populaire; ils lui firent présent d'un habit de pêcheur en moire d'argent, semblable à celui que leurs ancêtres avaient offert à Louis XIII; et dès qu'il eut mis le pied à terre sur le mole, ils l'enlevèrent dans leurs bras et le portèrent dans leur felouque. Le Prince leur ayant demandé si la pêche serait bonne : « *Ah! mon Prince*, répondirent-ils, *serian trop hourous de pesca voustre couer.* » (Nous serions trop heureux de pêcher votre cœur.)

A Toulon, on donna à MONSIEUR le simulacre d'un combat naval. L'illustre voyageur ayant témoigné le désir de visiter Avignon, qui appartenait alors au Saint-Siége, le Saint Père envoya au-devant de S. A. R. un de ses caméristes. Le jour de son arrivée, la ville fut illuminée, et l'on vit partir des différens clochers, à un signal donné, un nombre infini de fusées et de gerbes. Le Prince descendit à l'hôtel de M. le duc de Crillon. La garde bourgeoise se présenta aussitôt pour faire le service auprès de S. A. R. « Un fils de France, dit le Prince, logé chez un Crillon, n'a pas besoin de gardes. » Après avoir visité la fontaine de Vaucluse, il reprit la route de la capitale, emportant avec lui les témoignages les plus vifs de l'amour des Français pour leur Roi et pour la maison de France.

CHAPITRE IV.

Vie privée de MONSIEUR à Versailles. — Commencement de la révolution.

MONSEIGNEUR le comte de Provence, à son retour à Versailles, chercha à se soustraire aux pompes de cette Cour de France alors si brillante et si belle. Il acheta le château de Vaucroy, où il donna quelquefois des fêtes aussi ingénieuses que magnifiques. Le Roi son frère lui avait destiné à Paris le palais du Luxembourg; mais le Prince, au milieu des dissipations du monde, passait sa vie au sein des muses et des sciences. Tous les jours il consacrait sa matinée à la lecture des grands écrivains de l'antiquité, étudiant surtout avec soin l'art si difficile de rendre les peuples heureux, et ne se réservant que la faculté d'accorder une généreuse protection aux gens de lettres. Par ses soins le musée fondé par l'infortuné Pilâtre du Rosier fut conservé, et devint, sous le nom de Lycée, un établissement littéraire célèbre.

Monsieur s'attacha aussi le poëte Ducis, et le nomma secrétaire de son cabinet, lui donnant des conseils et jouissant de ses succès. Lui-même se délassait de ses études graves par des productions charmantes, qui, depuis, ont été publiées, à la suite de son voyage à Bruxelles.

Ces jours de bonheur ne furent pas de longue durée. Un parti se formait dans l'intérieur du royaume, aspirait, dans l'ombre, au renversement de la monarchie et à la ruine de la religion. La famille royale était en butte à mille calomnies secrètes. La reine, modèle de grâces et de bonté, se trouvait surtout exposée à un système de diffamations combiné avec soin. L'état d'épuisement du trésor fut le premier prétexte dont les factieux se servirent pour agiter la France. Dans ces circonstances difficiles, M. de Calonne proposa à Louis XVI de convoquer les notables, pour aviser avec eux aux moyens de soulager la nation, et d'assurer la prospérité de l'État. Le Roi, qui n'avait d'autre pensée que le bonheur de son peuple, y donna son consentement, et les notables furent appelés auprès de sa royale personne.

Cette assemblée fut divisée en sept bureaux. Monsieur eut la présidence du premier, et ne passa pas un jour sans s'y rendre, pour y soutenir les intérêts de la monarchie et du peuple. Hélas! la voix des personnes sages ne put se faire entendre au milieu de l'agitation des esprits. Le ministre qui avait proposé la convocation de l'assemblée fut obligé de se retirer; et un homme, M. de Brienne, aussi avide de pouvoir qu'imprévoyant et inhabile, le remplaça au ministère. Après le renvoi des notables, il crut remédier au vide des finances en faisant passer l'impôt du timbre et l'impôt territorial. Le parlement opposa la plus vive résistance à l'enregistrement des édits. La Cour, irritée, l'exila à Troyes, et l'agitation du royaume fut extrême.

Monsieur et Monseigneur le comte d'Artois reçurent l'ordre d'aller faire enregistrer les deux impôts, le premier à la Chambre des comptes, le second à la Cour des aides. Les deux princes furent reçus à Paris d'une manière bien différente. Monsieur fut salué par les plus vives acclamations. Monseigneur le comte d'Artois se trouva, au contraire, en butte à toute sortes d'outrages. Les factieux voulaient faire un essai de leur puissance en attaquant un des frères du Roi, doué des qualités les plus aimables, et qui faisait l'ornement de la Cour. Leur but était aussi de semer la division dans la famille royale, en représentant MONSIEUR comme un prince populaire. Mais ces applaudissemens ne le firent pas dévier de la ligne qu'il s'était tracée lorsqu'il disait à Louis XVI : « Je me félicite du titre de « premier gentilhomme du royaume, parce « qu'il me procure l'avantage d'être, auprès « du Roi, l'organe de la noblesse, » bien que son esprit éclairé le portât à favoriser la réforme des anciens abus, en s'opposant néanmoins aux innovations imprudentes. Louis XVI convoqua une seconde fois les notables pour les consulter sur la convocation des Etats généraux. Le bureau que présidait MONSIEUR fut le seul qui vota pour la double représentation du tiers, et même cet avis ne l'emporta que d'un suffrage. « Ajoutez-y ma voix, » lui dit le Roi. Alors parut cette protestation célèbre des Princes, qui, en traçant le tableau de la situation réelle de choses, présageait le renversement de la monarchie. MONSIEUR refusa de la signer; mais l'on dut bientôt s'apercevoir qu'il était conséquent aux principes de la véritable liberté, lorsque les Etats, sous le nom d'Assemblée nationale, eurent envahi tous les pouvoirs : Monsieur, appelé au conseil, donna son assentiment à la déclaration royale du 23 juin, déclaration qui aurait pu sauver le Roi et la monarchie, si les ministres n'eussent hésité à la faire exécuter avec vigueur.

Bientôt Louis XVI se trouva entouré de périls toujours renaissans. Son autorité fut méconnue, et lui-même se vit contraint, au 17 juillet, de se rendre à l'Hôtel-de-Ville de Paris. Il y fut reçu, non comme un Roi, mais comme un grand captif qui vient se livrer à ses sujets. Un silence morne régna jusqu'à son arrivée à l'Hôtel-de-Ville. Quelques larmes coulèrent de ses yeux, en voyant combien ce peuple, qu'il aimait tant, avait été égaré par les factieux. Que de pensées affligeantes durent se présenter à son esprit! C'était pour assurer le bonheur de son peuple qu'il avait convoqué les Etats généraux ; et les Etats généraux, infidèles à leur mandat, au lieu de seconder ses intentions bienfaisantes, avaient bouleversé le royaume et changé la tendre affection du peuple pour son Roi en une haine furieuse contre lui et contre la reine.

Parvenu à la grande salle, un saisissement involontaire s'empara de ce malheureux monarque, et il ne put prononcer que ces paroles : « Mon peuple peut toujours compter sur mon « amour. » En même temps, pour lui en donner une nouvelle preuve, il prit la cocarde nationale, que lui présenta M. Bailly, et la mit à son chapeau. Aussitôt de nombreux applaudissemens retentirent de tous côtés, et des cris de *Vive le Roi! Vive la nation!* se firent entendre sur la place. Louis XVI, après ce triomphe remporté par une populace soulevée contre l'autorité souveraine, quitta la capitale et revint à Versailles. La famille royale y était dans la plus vive inquiétude. Le Roi, incertain des événemens, mais résigné à tout, avait, avant son départ, nommé MONSIEUR lieutenant-général du royaume. Ce prince s'empressa de rendre cet écrit à son royal frère, et tout deux, en s'embrassant, se félicitèrent que la régence eût été si courte et si paisible.

CHAPITRE V.

Suite des troubles de Paris. — Affaire Favras.

CEPENDANT de nouveaux orages se préparaient. Les journées des 5 et 6 octobre mirent le comble aux infortunes de la famille de nos Rois; des assassins pénétrèrent jusque dans l'appartement de la Reine. Cette malheureuse princesse n'eut que le temps de se dérober à la fureur des misérables qui avaient tramé sa perte. Le Roi, amené en triomphe à Paris, fut confiné au château des Tuileries, sous la garde de M. de Lafayette. MONSIEUR vint alors au Luxembourg, décidé à partager la destinée de son frère. Ce noble dévouement irrita les factieux; ils cherchèrent à compromettre un Prince dont la popularité les effrayait, et une heureuse circonstance sembla favoriser leurs coupables projets.

S. A. R. ne jouissait plus de ses revenus depuis le commencement de la révolution : pleine d'inquiétude pour les paiemens qu'elle avait à effectuer au mois de janvier, elle autorisa son trésorier à souscrire un emprunt de deux millions. Celui-ci chargea de cette négociation un gentilhomme nommé Malin, plus connu sous le nom de marquis de Favras. Aussitôt le bruit se répand qu'on a formé le dessein d'assassiner M. Necker, M. de Lafayette, et M. Bailly ; que le marquis de Favras est le principal agent de cette conspiration contre la nation, et des placards incendiaires accusent Monsieur d'être l'auteur de ce complot. Déjà l'effervescence commençait à gagner les esprits, lorsque Monsieur, instruit de ce qui se passait, prit le parti de se rendre à l'Hôtel-de-Ville, où il prononça un discours plein de noblesse et de candeur. Après avoir donné des explications sur l'emprunt qu'il avait négocié, il ajouta :

« Vous n'attendez pas de moi que je m'a-
« baisse jusqu'à me justifier d'un crime. Mais,
« dans un temps où les calomnies les plus ab-
« surdes peuvent faire aisément confondre les
« meilleurs citoyens avec les ennemis de
« l'Etat, j'ai cru, messieurs, devoir au Roi,
« à vous et à moi-même, d'entrer dans tous les
« détails que vous venez d'entendre, afin que

« l'opinion publique ne pût rester un seul « jour incertaine. Quant à mes opinions par- « ticulières, j'en parlerai avec confiance à « mes concitoyens.

« Depuis le jour où, dans la seconde assem- « blée des notables, je me déclarai sur la ques- « tion fondamentale qui divisait les esprits, « je n'ai pas cessé de croire qu'une grande ré- « volution était prête ; que le Roi, par ses in- « tentions, ses vertus et son rang suprême, de- « vait en être le chef, puisqu'elle ne pouvait « pas être avantageuse à la nation sans l'être « également au monarque ; enfin, que l'auto- « rité royale devait être le rempart de la li- « berté nationale, et la liberté nationale la « base de l'autorité royale.

« Que l'on cite une seule de mes actions qui « ait démenti ces principes, qui ait montré « que, dans quelque circonstance où j'aie été « placé, le bonheur du Roi, celui du peuple, « ait cessé d'être l'unique objet de mes pensées « et de mes vœux. Jusque là, j'ai le droit d'être « cru sur parole. »

« Vous venez, lui répondit le maire de « Paris, de donner un nouvel exemple de l'é- « galité civile, en vous confondant avec les « représentans de la commune, et semblant

« ne vouloir être apprécié que par vos senti-
« mens patriotiques. »

« Le devoir que je viens de remplir, reprit « MONSIEUR, a été pénible pour un cœur ver- « teux ; mais j'en suis bien dédommagé par les « sentimens que l'Assemblée vient de me té- « moigner, et ma bouche ne doit plus s'ou- « vrir que pour demander la grâce de ceux qui « m'ont offensé. »

L'assemblée la refusa ; mais elle fut fière de la démarche du frère du Roi.

En cherchant ainsi à ravaler la majesté des Princes, on voulait accoutumer le peuple à voir humilier et traîner à l'échafaud le chef de l'Etat, l'héritier de Henri IV et de Louis XIV.

L'infortuné marquis de Favras, malgré son innocence, ne put dérober sa vie à ses bourreaux. « Monsieur, lui dit un des juges, après « sa condamnation, votre vie est un sacrifice « que vous devez à la tranquillité et à la li- « berté publique. » L'infortuné montra à ses derniers momens un courage et une résignation héroïques. Pendant qu'on faisait les apprêts du supplice, le peuple ne cessa de battre des mains. Favras, calme et majestueux, ne parut point affecté de ce délire ; il monta à l'Hôtel-de-Ville, dicta avec sang-froid son testament, et marcha d'un front serein à la mort. A la lueur des flambeaux, il s'avança d'un pas ferme vers le gibet, et, se tournant vers le peuple : « Citoyens, dit-il, je meurs « innocent. Priez Dieu pour moi. » Les ris insultans d'une populace sans frein répondirent seuls à la voix de cette malheureuse victime de la fureur populaire.

La vue de l'anarchie organisée et triomphante força alors les Princes à sortir du royaume pour mettre leur tête à l'abri des assassins. Mgr le comte d'Artois se retira le premier à Turin; les Condés se refugièrent dans les Pays-Bas : MONSIEUR seul resta auprès de son frère. Les agitateurs irrités profitèrent du départ de Mesdames Adélaïde et Victoire de France pour soulever une seconde fois le peuple contre S. A. R. On fit courir le bruit qu'il se disposait à suivre ses tantes. Aussitôt le peuple se précipite vers le Luxembourg, et cherche à pénétrer dans les appartemens.

Le Prince, tranquille au milieu de l'agitation des esprits, donne l'ordre d'ouvrir les portes, et de laisser entrer les femmes. L'une d'elles, prenant la parole, lui demande s'il est bien vrai qu'il veut quitter Paris. « Jamais, « répond S. A. R., je ne me séparerai du Roi »

« — Mais si le Roi nous quittait, resteriez-« vous? » MONSIEUR, avec sa finesse ordinaire, lui réplique : « Pour une femme d'esprit, vous « me faites là une question bien bête. » Cette réponse les fit éclater de rire; elles se retirèrent contentes. Le Prince monta aussitôt en voiture, et se rendit aux Tuileries, suivi d'une populace immense, à qui sa noble fermeté en imposa.

Hélas! un attentat inouï vint mettre entièrement à découvert la puissance et le but de ceux qui agitaient le royaume. Le Roi, craignant de ne pouvoir remplir à Paris, avec la liberté convenable, les exercices religieux auxquels la Semaine-Sainte est consacrée, prit la résolution d'aller à Saint-Cloud. On était au 18 avril 1791; il était prêt de monter en voiture, lorsque la garde du château se mutina, ferma les portes du château, et s'opposa à son départ. Le Roi et la Reine restèrent pendant deux heures exposés aux outrages de la populace, et, après de vains efforts, ils se virent contraints de remonter dans leurs appartemens.

CHAPITE VI.

Départ de MONSIEUR.

TEL était l'état des choses, lorsque le Roi, fatigué de voir ses intentions bienfaisantes méconnues, une assemblée usurpatrice s'emparer de tous les pouvoirs, forma la généreuse résolution de briser ses fers et de se retirer à Montmédy. MONSIEUR, averti à temps par la Reine, chercha aussi à s'affranchir du despotisme anarchique et populaire qui pesait sur lui. Madame la comtesse de Balby et M. le comte d'Avaray, l'un des premiers officiers de la maison de S. A. R., et l'ami du Prince, furent les seuls confidens de ce projet, et le comte d'Avaray se chargea de tous les préparatifs.

MONSIEUR était épié avec tant de soin au Luxembourg, qu'il ne fallait pas moins d'intelligence que de courage pour surmonter toutes les difficultés, et assurer le succès de cette entreprise. M. le marquis de Lafayette avait placé au Luxembourg un de ses aides de camp pour lui rendre compte des démarches du Prince et exercer sur sa personne une rigoureuse surveillance. On faisait courir de temps en temps des bruits vagues sur des projets d'évasion mensongers, afin de déconcerter les augustes et infortunés prisonniers dans les tentatives qu'ils pourraient faire pour échapper à leurs geôliers. Mais rien n'arrêta MONSIEUR. Il devait suivre une autre route que le Roi, et aller le rejoindre à Montmédy. Ce plan consistait à sortir le plus secrètement possible de la capitale, et à se diriger sur Mons par Soissons, Laon et Maubeuge, tandis que MADAME suivrait la route d'Orchief.

Les premières tentatives que fit M. le comte d'Avaray pour se procurer un passe-port furent infructueuses. Milord Robert, fitz Gerald et sir Gowes, lui en refusèrent un. Il se vit obligé de gratter et de falsifier l'écriture d'un vieux passe-port anglais au nom de M. et de Mlle Forster.

Cependant le départ du Roi et de la Reine avait été fixé au 20 juin. Louis XVI, avant de partir, communiqua à son frère le projet de déclaration qu'il avait l'intention de laisser en partant sur sa table dans son appartement, et MONSIEUR y ajouta une protestation contre tous les actes que le Roi avait été contraint de signer pendant sa captivité. La veille du jour fixé pour son départ, Madame Elisabeth, le tirant à l'écart : « Mon frère, lui dit-elle, nous avons de la religion : permettez-moi de vous donner une image, elle vous portera bonheur. » MONSIEUR l'accepta avec reconnaissance, et après avoir embrassé la famille royale, il revint au Luxembourg plein d'inquiétude. M. de Bonneuil, son premier valet-de-chambre, couchait dans la chambre du Prince, sur un lit qu'on dressait à la hâte; lui-même fermait les rideaux après l'avoir deshabillé, et après avoir quitté ses vêtemens dans un cabinet voisin, il revenait à son poste. De Bonneuil n'était pas dans la confidence. MONSIEUR, après s'être deshabillé, attendit le moment où le valet-de-chambre passa dans le cabinet, se leva, prit ses vêtemens à la main et sortit par une porte secrète. M. le comte d'Avaray l'attendait dans ses petits appartemens. MONSIEUR, après s'être peint les sourcils de manière à se rendre méconnaissable, sortit par une des cours avec Soyer et Péronnel, deux de ses valets, et n'emportant que 300 louis. Une voiture était apostée: le Prince y monte, et gagne une chaise de poste qui l'attendait près de l'hôtel de la Monnaie. Il s'y jette avec d'Avaray, et le jour les trouva sur la route de Soissons, pleins de joie et d'espérance, sous les noms de Michel et David Forster.

Arrivé près de Soissons, MONSIEUR attribua, par un sentiment religieux son évasion à l'image que lui avait donnée sa sœur; il voulut la voir. Après avoir fouillé inutilement dans ses poches, il commençait à être inquiet, lorsque d'Avaray, ouvrant son portefeuille, y trouva l'image, sans pouvoir dire quand ni comment elle y avait été mise. Ainsi rassuré, l'illustre voyageur arrive à Soissons, et y change de chevaux. Le postillon qui le conduisit de Soissons à Vertefeuille était président d'un club révolutionnaire: il ne cessa de déclamer contre les royalistes et les aristocrates. Heureusement l'accent des deux faux Anglais ne lui inspira aucune défiance.

A Vertefeuille, une bande de la petite-roue, qui s'était cassée, fut réparée ainsi que la jante de la voiture, et MONSIEUR ne perdit que peu de temps, grâces à l'activité du comte d'Avaray.

De Laon à Lachapelle, le postillon les mena

avec autant de lenteur que de maladresse, et une vive inquiétude pour la santé de son ami vint se joindre à l'impatience de MONSIEUR. M. d'Avaray crachait le sang. Les fatigues et les peines qu'il avait éprouvées lui avaient causé ce crachement. MONSIEUR fit les prières les plus ferventes pour son ami, et ne fut content que lorsqu'il le vit cesser.

Cependant que l'auguste voyageur se dirigeait vers la frontière du nord, M. le marquis de Lafayette s'était rendu aux Tuileries, que le Roi avait abandonnées, et s'était de là dirigé vers le Luxembourg, accompagné d'un aide de camp et d'un détachement de la garde nationale. Une foule immense l'entourait, triste et silencieuse. M. de Lafayette donna l'ordre d'entrer immédiatement dans l'appartement du Prince. « MONSIEUR n'a point appelé, » répondit le valet-de-chambre Bonneuil. « S. A. R. dort encore. » L'escorte veut en avoir la certitude ; on entre, le rideau du lit est entr'ouvert. Quel fut l'étonnement du valet-de-chambre en voyant le lit vacant. En vain protesta-t-il de son ignorance sur l'évasion du Prince : il fut arrêté, conduit à l'Hôtel-de-Ville, d'où il ne se sauva qu'avec peine.

MONSIEUR n'avait pas encore franchi les

limites du royaume : Maubeuge était une place frontière qui pouvait être pour lui un écueil, et le postillon d'Avesnes ne voulait pas en tourner les remparts. Il ne céda qu'à l'appas de trois guinées que lui promit M. le comte d'Avaray On passa ainsi à travers champs, à cent pas d'une ville de guerre où l'on était sûr d'être arrêté.

A Mons, MONSIEUR commença par remercier Dieu; après, il embrassa tendrement d'Avaray et le nomma son libérateur. Le jour même, arriva le comte de Fersen, qui avait conduit le Roi jusqu'à Bondy. On attendait avec impatience la nouvelle de l'heureuse évasion de Louis XVI. MONSIEUR, dans cette espérance, avait quitté Mons, se dirigeant vers Luxembourg, lorsqu'il apprit le triste attentat de Varennes. Telle fut la douleur qu'il en ressentit, qu'il voulait retourner à Paris reprendre ses fers. Les prières, les représentations de M. le comte d'Avaray, et les larmes de ce fidèle serviteur, purent seules l'en détourner.

CHAPITRE VII.

MONSIEUR à Bruxelles. — Entrevue de Pilnitz.

CETTE noble maison de Bourbon trouva de tous côtés des hommages. L'archiduchesse Christine et le duc Albert de Saxe son époux reçurent MONSIEUR à Bruxelles avec la plus grande magnificence. Après quelques jours passés au milieu des fêtes, MONSIEUR partit avec son illustre frère pour Aix-la-Chapelle, où les attendait le roi de Suède. Ce Prince, déjà connu dans le Nord pour un général habile, n'était pas moins profond politique. L'attentat de Varennes lui avait révélé les excès auxquels pouvait se porter la faction anarchique qui pesait sur la France : il venait offrir son épée aux descendans d'Henri IV. MONSIEUR avait déjà reçu des pleins pouvoirs écrits de la main même de Louis XVI. Par ces pouvoirs, il était nommé lieutenant-général du royaume, et le gouvernement lui était confié dans le cas où le Roi se trouverait hors d'état de régner.

On commença par chercher sur les frontières un lieu où pussent se réunir les Français qui, témoins des outrages dont on abreuvait leur malheureux Roi, accouraient en foule se ranger sous les drapeaux de ses frères. L'électeur de Trèves, Louis Venceslas, duc de Saxe, leur offrit généreusement son château de Schomburstudt, et Coblentz devint le rendez-vous de la noblesse française.

C'était un spectacle admirable que cette nouvelle croisade de chevaliers pour reconquérir leur Roi. Sur leurs bannières étaient écrits, comme au temps des Duguesclin, les noms sacrés d'Honneur et de Patrie. A leur tête se montraient, nouveaux Machabées, trois Condé, l'un déjà illustre par la bataille de Johannisberg, et déjà veilli dans les combats; l'autre, portant dans la mêlée le sang-froid des héros de sa race, avec leur courage héréditaire; le troisième, jeune encore, mais brûlant, comme un de ses plus illustres aïeux, de débuter dans la carrière par un de ces coups hardis qui sauvent les États et assurent le repos des empires. Hélas! ce malheureux jeune homme devait trouver, après avoir échappé au fer des combats, une main traîtresse qui lui donnerait la mort à peu de distance de ces vieux arbres où son aïeul Saint-Louis venait rendre la justice à ses sujets. Quelle gloire! quel avenir! se sont éteints avec lui, et ont été perdus pour la France! C'est bien ici qu'on peut dire avec le prophète : *O profondeur des événemens! ô vanité des choses humaines!*

Cependant, au bruit de la révolution française, les souverains s'étaient réunis. L'empereur Léopold, et Frédéric Guillaume, roi de Prusse, s'étaient rendus au château de Pilnitz afin d'y décider du sort de l'Europe. Les Princes français intervinrent dans cette auguste conférence, et monseigneur le comte d'Artois partit avec les instructions de Monsieur, et accompagné de M. de Calonne. La situation du Roi de France fut dans cette entrevue le principal objet des délibérations, et le 27 avril fut signée cette convention célèbre où la cause de Louis XVI était signalée à toutes les Cours de l'Europe comme la cause commune des têtes couronnées. Les Rois étaient priés de réclamer la liberté du Roi et de la Reine de France, et de venger par les armes les attentats qui pourraient être commis contre leurs personnes royales.

Les nobles chevaliers français qui suivaient les drapeaux de la vieille monarchie tressaillirent à la nouvelle de cette déclaration, et chacun espéra voir renaître bientôt les beaux jours du règne de Louis XVI. Hélas ! ce malheureux prince venait de signer par faiblesse l'acte constitutionnel que les meneurs de l'Assemblée nationale lui avaient présenté ; et les agens révolutionnaires cherchaient à semer à l'extérieur la défiance et les rivalités dans les cabinets de l'Europe. La Providence voulut donner un grand exemple au monde, et une fatale imprévoyance s'empara tout à coup des Rois et des peuples. « Dans l'état présent des « choses, écrivait Burcke à Louis XVI, vous « n'avez rien à espérer de l'intérieur de vos « États ; rien, rien de long-temps ; il ne peut « en être autrement : c'est seulement de l'étran- « ger que le secours peut venir..... Souvenez- « vous surtout que vous n'êtes entouré que de « gens qui n'ont d'autre intérêt, d'autre désir, « que de vous détruire. » Les principaux ministres des Rois étaient ou incapables, ou livrés aux principes dangereux des novateurs. La Cour de Vienne, qui la première avait manifesté des intentions hostiles, fut la première à rétrograder. Elle pensa que des négociations avec les membres influens de l'Assemblée suffiraient pour rendre au Roi sa puissance, et loin d'appuyer par les mesures militaires la déclaration de Pilnitz, elle fit des concessions telles, que cette déclaration elle-même ne fut plus qu'un acte dérisoire pour les révolutionnaires.

CHAPITRE VIII.

MONSIEUR à Coblentz.

CETTE fausse politique devait amener les plus déplorables résultats. Vainement MONSIEUR et monseigneur le comte d'Artois représentèrent que la révolution était un torrent rapide qui finirait par tout engloutir : leurs voix augustes furent à peine entendues. L'Assemblée nationale, se prévalant de la marche incertaine et pusillanime de l'empereur d'Allemagne, demanda la dissolution des corps émigrés qui se formaient sur les frontières. Louis XVI, docile instrument de ces ministres, blâma, dans une lettre aux souverains de l'Europe, ces rassemblemens, et se déclara contre leurs projets. La grande âme de ce bon Prince espérait que les Français égarés, frappés de tant de magnanimité et d'un si noble dévouement, reviendraient à ces sentimens de dévouement et de fidélité à leur Roi qui avaient toujours fait l'admiration des nations étrangères. Hélas! la Providence en avait ordonné autrement. L'Assemblée, profitant des circonstances, requit MONSIEUR de rentrer sous deux mois dans le royaume, le déclarant, faute de quoi, déchu de son droit à la régence. Le Roi lui-même écrivit à son noble frère une lettre pressante pour l'engager à obtempérer aux ordres de l'Assemblée. « Ma lettre ne fera pas d'effet, disait-il à ses ministres: mes frères sont convaincus que je ne suis pas libre et que mes démarches sont forcées. » Vaines paroles! la missive constitutionnelle fut portée à MONSIEUR par un envoyé de l'Assemblée; elle portait pour suscription :

A Louis-Stanislas-Xavier, Prince français, frère du Roi.

Voici la noble réponse de Monseigneur le comte de Provence :

« Sire, mon frère et seigneur,

« Le comte de Vergennes m'a remis de la part de Votre Majesté une lettre dont l'adresse, malgré mes noms de baptême qui s'y trouvent, est si peu la mienne, que j'ai pensé la lui rendre sans l'ouvrir. Cependant, sur son assertion positive qu'elle était pour moi, je l'ai ouverte, et le nom de frère que j'y ai trouvé ne m'ayant plus laissé de doute, je l'ai lue avec le respect que je dois à l'écriture et au seing de Votre Majesté.

« L'ordre qu'elle contient de me rendre auprès de la personne de Votre Majesté n'est pas l'expression libre de sa volonté, et mon honneur, mon devoir, ma tendresse même, me défendent également d'y obéir. Si Votre Majesté veut connaître tous ces motifs plus en détail, je la supplie de se rappeler ma lettre du 10 septembre dernier; je la supplie de recevoir aussi avec bonté l'hommage des sentimens aussi tendres que respectueux avec lesquels je suis, Sire...... »

En même temps la faction dominante renouvelait tous les agens diplomatiques, afin de tromper plus facilement les Rois de l'Europe, et de mieux surveiller leurs cabinets. Ce ne fut pas sans peine que la garde des princes fut organisée. Le comte d'Avaray et le comte de Damas commandèrent celle de Monsieur; la garde de monseigneur le comte d'Artois fut donnée à

M. le Bailli de Crussol, à M. le comte d'Escars, et à M. le comte de Puységur. Les princes de Hohenlohe reçurent dans leurs Etats la légion de Mirabeau, et pourvurent à sa solde; et l'impératrice de Russie, la grande Catherine, assura de sa protection puissante les chevaliers français qui allaient marcher à la conquête de la paix et au retour de l'ordre dans leur patrie. La lettre qu'elle écrivit à cette époque à M. le maréchal de Broglie est trop remarquable pour que je ne la rapporte pas ici.

« Monsieur le maréchal,

« C'est à vous que je m'adresse pour faire connaître à la noblesse française expatriée et persécutée, mais toujours inébranlable dans sa fidélité et son attachement pour son souverain, combien j'ai été sensible aux sentimens qu'elle me témoigne dans sa lettre du 20 septembre dernier. Les plus illustres de vos Rois se glorifient de s'appeler les premiers gentilshommes de leur royaume. Henry IV fut surtout jaloux de porter ce titre. Ce n'était point un vain honneur qu'il déférait à vos aïeux : il leur enseignait par-là que sans noblesse il n'y a point de monarchie, et que l'intérêt à la défendre et à la maintenir était inséparable du sien. Ils entendirent cette leçon, et prodiguèrent leur sang et leurs efforts pour rétablir les droits de leur maître et les leurs.

« Vous, leurs dignes descendans, devant qui les malheureuses circonstances de votre patrie ouvrent la même carrière, continuez de marcher sur leurs pas, et faites éclater dans vos actions le même esprit qui les a animés, et dont vous paraissez avoir hérité.

« Élisabeth secourut Henri IV, qui triompha de la Ligue à la tête de vos ancêtres; cette reine est digne sans doute de servir de modèle à la postérité, et je mériterai de lui être comparée par ma persévérance dans mes sentimens pour les petits-fils de ce même héros, auxquels je n'ai fait encore que montrer ma bonne volonté et mes bonnes intentions. En embrassant la cause des Rois dans celle de votre monarque, je ne fais que suivre le devoir du rang que j'occupe sur la terre; je n'écoute que le motif pur de l'amitié sincère et désintéressée pour vos princes, frères du Roi, et le désir de servir d'appui à tant de fidèles serviteurs de votre souverain. »

Ce noble langage d'une grande reine enflamma d'ardeur les Français qui s'étaient réunis sur les frontières. On eût été trop heureux si l'Autriche eût manifesté ses intentions avec autant de franchise; mais le gouvernement des affaires était alors entre les mains du vieux prince de Kaunitz, qui craignait la guerre, et donnait pour motif de l'inexécution de la déclaration de Pilnitz l'acceptation de l'acte constitutionnel par Louis XVI, comme si la bonté et la résignation de ce prince étaient des motifs assez puissans pour laisser les novateurs établir leur déplorable souveraineté. Dans l'intervalle, MONSIEUR fut décrété d'accusation ainsi que monseigneur le comte d'Artois; le premier fut de plus déclaré déchu de son droit à la régence, et le parti républicain, renversant sur les marches du trône le parti constitutionnel, y planta son étendard, en attendant le jour où il ferait disparaître les signes de la royauté, et renouvellerait le spectacle sanglant qu'offrit l'Angleterre, lorsque l'infortuné Charles Ier fut traîné à l'échafaud.

CHAPITRE IX.

Suite du précédent.

Cependant l'empereur Léopold descendit dans la tombe ; Gustave, roi de Suède, trouva un assassin au milieu des fêtes qu'il donnait à Stockholm. La mort de ce Prince chevaleresque fut un des événemens les plus affligeans pour la noblesse française. Le parti républicain, brisant toute espèce de lien, venait de forcer Louis XVI à déclarer la guerre à l'Autriche, guerre fatale qui a duré trente ans, et dont les suites funestes se feraient encore sentir, si la main du frère de Louis XVI ne fût venue en cicatriser les plaies encore saignantes.

L'empereur François, après avoir reçu à Francfort la couronne impériale, se rendit à Mayence, où se trouvait déjà le roi de Prusse, pour rédiger un plan de campagne. Le duc de Brunswick y proposa de faire une guerre méthodique : comme si, dans les circonstances extraordinaires où l'on se trouvait, il eût fallu suivre les règles ordinaires. *Si etait moult besoin d'une ame hardie et entreprenante aux affaires*. Les Rois de l'Europe ne s'en aperçurent que lorsque l'hydre déchaîné les eut menacés eux-mêmes sur leur trône, et promené ses étendards victorieux dans toutes les capitales de l'Europe.

L'avis des Princes de pénétrer dans le royaume par les frontières de l'est, et de marcher avec rapidité vers Paris, afin de frapper un grand coup, prévalut enfin dans le conseil; mais pendant que le roi de Prusse et l'empereur d'Autriche réunissaient leurs troupes avec une lenteur désolante, les révolutionnaires renversèrent le trône au 10 août, et précipitèrent le malheureux Louis XVI avec sa famille dans la tour du Temple.

A cette nouvelle fatale, les chevaliers francais qui marchaient sous les vieilles bannières de la monarchie demandèrent à grands cris à franchir la frontière; un noble enthousiasme s'était emparé de ces généreux guerriers, et chacun rivalisait de zèle et d'amour pour un Roi dont les infortunes étaient si grandes et les intentions si pures. Enfin, le 23 août, Monsieur annonça le départ pour la France à la noblesse qu'il commandait, et se plaçant au milieu de ses troupes fidèles, il prononça le discours suivant :

« Messieurs,

« C'est demain que nous entrons en France.
« Ce jour mémorable doit influer nécessaire-
« ment sur les opérations qui nous sont con-
« fiées, et notre conduite peut fixer le sort de
« la France. Vous n'ignorez pas les calomnies
« dont nos ennemis ne cessent de nous acca-
« bler, et le soin qu'ils ont de répandre que
« nous ne rentrons dans notre patrie que pour
« assouvir nos vengeances particulières. C'est
« par votre conduite, Messieurs, c'est par la
« cordialité avec laquelle nous recevrons les
« Français égarés qui viendront se jeter dans
« nos bras, que nous prouverons à l'Europe
« entière que la noblesse française, plus il-
« lustre que jamais par ses malheurs et sa
« constance, sait vaincre les ennemis et par-
« donner les erreurs de ses compatriotes.

« Les pouvoirs qui vous sont remis entre « nos mains nous donneraient le droit d'exi- « ger ce que notre intérêt et notre gloire nous « inspirent; mais nous parlons à des chevaliers « français, et leurs cœurs enflammés du véri- « table honneur n'oublieront jamais les de- « voirs que ce noble sentiment leur impose. »

Le lendemain on annonça la prise de Longwi, et l'armée put se flatter de voir bientôt mettre un terme aux malheurs de la France et de son Roi, lorsque Verdun eût ouvert ses portes au roi de Prusse. Ces espérances se trouvèrent bientôt déçues par l'irrésolution du duc de Brunswick et par la victoire que les républicains remportèrent près de Jemmapes. Les rois alliés ne songèrent plus qu'à défendre les bords du Rhin. MONSIEUR, en apprenant la décision du général en chef des armées confédérées, ne put s'empêcher de s'écrier « que la postérité « tonnerait en lisant dans l'histoire que les « plus fameux généraux de l'Europe, réunis « pour reconquérir la France à son Roi légi- « time, s'étaient retirés devant un général sans « nom, chef d'une armée indisciplinée ».

Les menaces, les plaintes et les invectives, éclatèrent dans l'armée des émigrés contre les généraux et les souverains ; on leur reprochait avec raison une retraite humiliante et ignominieuse. Ce qui irritait surtout, c'était de voir livrer aux bourreaux qui gouvernaient alors la France les hommes de bien qui avaient arboré le drapeau blanc, et manifesté leur fidélité à leur Roi et à leurs Princes. Peu s'en fallut que les étrangers ne les livrassent eux-mêmes pieds et poings liés à leurs ennemis. En sortant de Stenay, plusieurs pelotons de cavalerie républicaine se portèrent sur les hauteurs, et bientôt l'on aperçut derrière le rideau une forte colonne d'infanterie avec deux pièces de canon. Le maréchal de Broglie ordonna plusieurs manœuvres avec tant d'habileté, que la retraite des princes se trouva assurée, malgré la mauvaise foi des Prussiens et les dispoittions de Dumouriez pour inquiéter leur marche. L'armée coalisée ne s'arrêta que sous le canon de Luxembourg, où elle se disloqua, laissant Mayence, Francfort et la Belgique, sans défense.

Monsieur se retira à Ham avec son auguste frère. Les débris de l'armée des émigrés se réunirent sous le commandement du prince de Condé, et pendant quelque temps ces héros de la fidélité se trouvèrent réduits à l'abandon et à la misère. Les princes épuisèrent leurs ressources personnelles pour venir à leur secours.

Monseigneur le comte d'Artois envoya au maréchal de Broglie ses médailles, ses diamans et l'épée de son fils, pour être vendus au profit des émigrés, et ce don chevaleresque fut accompagné d'une lettre digne de ce bon prince.

CHAPITRE X.

Mort de Louis XVI.

Un crime affreux venait de mettre le comble aux malheurs de cette fidèle noblesse ; la Convention avait imprimé une tache sanglante à notre malheureuse patrie ; elle avait osé porter une main criminelle sur son Roi, le citer à son tribunal de sang, et le juste avait péri par le plus criminel des attentats. A cette horrible nouvelle, ce ne fut qu'un cri de douleur et d'effroi dans toute l'Europe ; à l'armée de Condé surtout, l'indignation se mêlait à la douleur profonde dont chacun était saisi. Les princes de la terre purent dès lors juger quelle était cette puissance anarchique dont le sceptre pesait sur la France, et qui semblait projeter l'envahissement de l'Europe et le renversement de tous les trônes. Monseigneur le prince de Condé en fut instruit le 17 janvier ; et Monseigneur le comte d'Artois lui écrivit, quelques jours après, cette lettre où respire toute la tendresse de ce bon prince pour l'infortuné Louis XVI :

« Mon cher cousin,

« Je n'essaierai pas à vous peindre la profonde et déchirante douleur dont je suis accablé ; mais vous connaissez mon cœur, et vous sentirez vous-même tout ce qu'il éprouve. Mon unique consolation est la certitude d'avoir tout fait, tout employé, pour servir mon malheureux frère.

« Unissons nos larmes pour pleurer le Roi que nous venons de perdre ; mais redoublons nos efforts pour délivrer celui que nos tyrans continuent de retenir dans leurs fers. C'est le devoir que tous nos sentimens nous prescrivent, et nous les remplirons jusqu'à la mort.

« Monsieur nous fait part de la déclaration de la régence, et de la marque de confiance qu'il me donne : je m'en rendrai digne en donnant à tous l'exemple de l'obéissance, de la subordination et d'une soumission sans réserve à l'autorité légitime. Adieu, mon cousin : ne doutez jamais de mes tendres sentimens pour vous.

« Charles-Philippe.

« *P. S.* Chargez-vous, je vous prie, de parler à vos enfans de mon amitié pour eux. Je suis bien sûr qu'ils partageront ma trop juste douleur. »

Ainsi, tandis qu'en France tout rampait abattu sous la puissance du crime, l'honneur et la vertu s'étaient réfugiés dans les camps. La monarchie était encore vivante au milieu de cette armée fidèle qui avait tout sacrifié pour suivre les frères de son Roi; tout s'y faisait encore selon les anciennes coutumes. MONSIEUR, d'après les lois du royaume, se déclara régent pendant la minorité de son neveu; monseigneur le comte d'Artois fut nommé lieutenant-général, et la France au milieu de tant d'adversités reçut ces nouvelles comme un adoucissement à ses maux.

« Mon cousin, écrivait MONSIEUR à monseigneur le prince de Condé, vous êtes sans doute instruit du nouveau crime qui vient de mettre le comble à nos malheurs. Je juge de votre douleur et de celle de vos enfans par celle que j'éprouve moi-même. Mais ce n'est point par de stériles larmes que nous devons honorer la mémoire du Roi mon frère : il faut servir son frère comme nous l'avons servi lui-même, et venger au moins le sang que nous n'avons pu, nous, empêcher d'être versé. J'ai pris le titre de régent du royaume, que la minorité du Roi Louis XVI mon neveu ne me permettait pas de différer à prendre; j'ai nommé le comte d'Artois lieutenant-général du royaume, et je ne ferai pas aux puissances à qui j'en ai fait part l'injure de douter qu'elles reconnaissent ces titres, et les appuient de tous leurs efforts. Mais ma plus ferme espérance sera toujours dans l'union indissoluble des Princes du sang royal, et dans le courage de cette brave noblesse, de ces généreux Français de tous les ordres, qui ont tout bravé pour rester fidèles à l'honneur et à leurs devoirs. »

Par ordre du régent, les troupes furent réunies au pied des autels, afin d'honorer la mémoire du Roi-Martyr, et proclamer le nouveau Roi. Monsieur le prince de Condé, accompagné de monsieur le duc de Bourbon et de monsieur le duc d'Enghien, prononça, dans l'église de Villingen, le discours suivant :

« Messieurs,

« C'est dans l'amertume de nos cœurs que nous venons de rendre le dernier des hommages que nous prescrivaient le respect profond et l'attachement sans bornes dont nous étions pénétrés pour l'infortuné Louis XVI. Si notre inaltérable et constante fidélité n'a pu le sauver des horreurs de son sort, au moins elle l'a suivi jusqu'à la tombe où le plus atroce des crimes vient de précipiter le plus malheureux des Rois.

« Une longue douleur n'épuisera jamais la source de nos larmes, et le comble des maux pour toute âme sensible est d'avoir à pleurer la perte de son Roi et les crimes de sa patrie.

« Mais vous savez, Messieurs, qu'il est de principe que le Roi ne meurt pas en France. Puisse le Ciel préserver de tous les dangers qui l'entourent cet enfant précieux et intéressant, qui, né pour le bonheur, ne connaît encore de la vie que le malheur d'être né. Quel que soit le sort qui l'attende, il ne peut être qu'agréable à Dieu que ce soit au pied des autels, comme c'est l'usage en France, que nous nous livrions au premier élan de notre antique amour pour nos Rois, et des vœux que nous formons pour notre souverain légitime. Le Roi est mort, messieurs: Vive le Roi! »

CHAPITRE XI.

Insurrection de la Vendée et de quelques villes du royaume.

La France effrayée, et gémissant de la mort déplorable de son Roi, devenait alors en proie à la plus horrible anarchie; partout coulaient des flots de sang; la religion était forcée de chercher un refuge dans les bois, comme aux premiers siècles du christianisme, et des proconsuls, le glaive en main, poursuivaient comme des bêtes fauves tous les Français distingués par leurs vertus ou par leurs talens. Ce fut alors que la Vendée, lasse du joug et pleine de confiance dans le secours de celui qui soutient les faibles et humilie les forts, arbora, sur les bords de la Sèvre et de la Loire, le vieux drapeau de la monarchie. « Rends les armes, criait un républicain à un de ces paysans. — Rends-moi mon Dieu et mon Roi, lui répondit le brave Vendéen. » Quarante mille hommes prirent les armes, prêts à tout braver pour rétablir la monarchie. A la tête, on remarquait Cathelineau, paysan intrépide, qui, sous la bure d'un pâtre, avait le cœur d'un héros; le jeune Henri de la Rochejacquelin et M. d'Autichamp son noble ami, tous deux rivalisant de gloire et d'ardeur pour leur Roi; et surtout ce brave Charrette, si dignement surnommé le dernier des chevaliers français. Ils dispersèrent près de trois cent mille républicains, prirent toutes les villes qui avoisinaient leurs pays, et firent trembler la république. Monsieur le comte d'Artois essaya plusieurs fois d'aller les rejoindre; mais les puissances alliées, qui, sans doute, avaient d'autres projets que de voir un Prince du sang au milieu des Français, lui ôtèrent tous les moyens d'exécuter son généreux dessein. Dès que monsieur le régent fut parvenu à communiquer avec les chefs de la Vendée, il écrivit à M. de Charrette une lettre où, après lui avoir parlé de son admiration et de sa reconnaissance, il ne dissimulait pas le désir ardent qu'il avait de le joindre, de partager ses périls et sa gloire. « Je le remplirai, ajoutait S. A. R., « dût-il m'en coûter tout mon sang; mais en « attendant ce moment heureux, le concert

« avec celui que ses exploits rendent le second « fondateur de la monarchie et celui que « la naissance appelle à la gouverner sera « de la plus grande importance.

« Personne mieux que vous ne connaît « l'utilité des démarches que je puis faire re- « lativement à l'intérieur. Vous penserez sans « doute qu'il est bon que ma voix se fasse « entendre partout où l'on est armé pour Dieu « et le Roi : c'est à vous à m'éclairer sur les « moyens d'y parvenir. Je confie cependant « à votre prudence l'expression d'un senti- « ment que je ne puis plus retenir, à pré- « sent que je puis parler moi-même à vos « braves compagnons d'armes.

« Si cette lettre est assez heureuse pour « vous parvenir à la veille d'une affaire, « donnez pour mot d'ordre Saint-Louis, pour « ralliement, le Roi et la France. Je commen- « cerai à être parmi vous le jour où mon « nom sera associé à vos triomphes. »

D'un autre côté, Toulouse avait arboré le drapeau des lis, et envoyé à MONSIEUR une députation chargée de lui présenter une adresse où, parmi les sentimens d'amour, de fidélité et de dévouement, les Toulonnais suppliaient S. A. R. de venir au milieu d'eux se constituer régent du royaume. MONSIEUR se mit aussitôt en route pour se rendre aux vœux des fidèles Toulonnais. Lyon secoua aussi le joug de l'anarchie, et une révolution en faveur de la royauté parut sur le point d'éclater.

CHAPITRE XII.

Journée de Berstheim. — Mort de la Reine et du jeune Roi.

A la nouvelle des généreuses insurrections des provinces de la France, les Rois de l'Europe eurent honte de leur inaction : ils se liguèrent de nouveau, et marchèrent contre la France, et Mayence ne tarda pas à se rendre au comte de Wurmser. Valenciennes et Condé ouvrirent les portes, et les Français expatriés se trouvaient déjà dans les lignes de Wissembourg, lorsque les révolutionnaires mirent le comble à leurs forfaits en ordonnant la mise en jugement et l'assassinat de la Reine Marie-Antoinette. Personne n'ignore avec quelle noble résignation elle supporta tous les outrages que des misérables lui firent essuyer. A cette terrible nouvelle, tout le monde fut plongé dans la consternation. MONSIEUR, régent du royaume, adressa à l'armée la lettre suivante, qui fut mise à l'ordre.

« Messieurs,

« Je reçois dans l'instant la nouvelle de « l'horrible attentat qui vient de terminer les « jours de la Reine ma belle-sœur. La dou- « leur et l'indignation qu'il me cause ne peu- « vent être adoucies que par la part que vous y « prendrez. Vrais Français et sujets fidèles, « nous devons sentir doublement l'horreur de « ce crime.

« C'est en redoublant de zèle pour le service « de notre jeune et malheureux Roi, que nous « pourrons lui rendre un jour moins amères « des pertes si cruelles, et faire disparaître la « tache que des monstres veulent imprimer au « nom français.

« Tels sont, j'en suis bien sûr, les senti- « mens qui vous animent; tels sont ceux que « nous conserverons mon frère et moi, jusqu'à « notre dernier soupir; tel est le but vers le- « quel tendent tous nos efforts, et pour lequel

« le sacrifice de notre vie ne nous coûterait « rien. »

L'armée royale redoubla d'ardeur et de courage. On était au milieu de l'hiver ; Weissembourg venait d'être pris, ainsi que Landau, et le corps de Condé s'était signalé par un des plus héroïques faits d'armes qui aient honoré sa carrière. Les républicains, profitant de la gelée qui avait raffermi les chemins, firent avancer leur grosse artillerie jusqu'à Berstheim, et forcèrent les légions de Mirabeau et de Hohenlohe à rétrograder ; ils étaient déjà près de s'emparer du village, et ce premier succès aurait pu décider de la bataille, lorsque Mgr le prince de Condé descend de cheval, met l'épée à la main, et, se plaçant à la tête de ses deux bataillons de gentilshommes : « Messieurs, leur dit-il, vous êtes tous des Bayards ; il faut reprendre Berstheim à la baïonnette. » Aussitôt ces braves s'élancent au milieu d'une grêle de balles, et repoussent l'ennemi jusque dans la plaine, aux cris de *Vive le Roi!*

Cependant monseigneur le duc de Bourbon et monseigneur le duc d'Enghien, à la tête de la cavalerie, dispersaient devant eux la cavalerie républicaine. M. le maréchal Wurmser, témoin de cette glorieuse affaire, ne put s'empêcher d'en témoigner son admiration à monseigneur le prince de Condé, malgré la jalousie des Autrichiens.

Parmi une foule de traits de bravoure et d'héroïsme qui signalèrent le combat de Berstheim, j'en citerai quelques uns dignes des beaux jours de la monarchie. Le comte de Saint-Paër, porte-étendard de la troisième division, se vit attaqué par quatre dragons qui l'entourèrent et le sommèrent de rendre son drapeau. Le preux chevalier l'attache aussitôt à sa poitrine, prend ses pistolets, et contient ses ennemis avec tant d'audace et de courage, que les siens eurent le temps de venir à son secours et de le délivrer. Deux autres gentilshommes étaient poursuivis par quelques hussards; l'un d'eux était blessé, et le sang qu'il répandait ralentissait sa marche. Il se tourne vers son camarade, lui dit adieu, et l'engage à prendre la fuite. « Moi fuir! lui répond son généreux compagnon : nous périrons ensemble. » Il le prend sur ses épaules, et, chargé de ce précieux fardeau, ils ont le bonheur d'échapper aux républicains. Un tambour du régiment Hohenlohe avait eu les yeux crevés et une jambe emportée au commencement de l'action : il ne cessa pas pour cela de battre la charge, et ne quitta les baguettes qu'avec la vie. Un soldat de la légion de Mirabeau, qui avait été blessé, jetait les hauts cris; auprès de lui se trouvait M. de Barras, chevalier de Saint-Louis, dont la jambe avait été emportée par un boulet de canon. « Songez, mon ami, lui dit cet officier, que votre Dieu est mort sur une croix, et votre Roi sur l'échafaud : nous devons nous trouver heureux de mourir pour une si belle cause. » Ce fut ce même chevalier de Barras qui, voyant monseigneur le duc de Bourbon s'attendrir sur son sort, lui répondit : « Je ne regrette pas, monseigneur, une jambe perdue dans une belle journée, et j'en donnerais volontiers une autre pour que Votre Altesse ne fût pas blessée. » A la nouvelle du combat de Berstheim, monseigneur le comte d'Artois écrivait à monseigneur le Prince de Condé : « Avec quel intérêt et quelle joie mêlée de douleur j'ai lu, mon cousin, les détails des journées des 1er et 2 décembre! La noblesse française est trop connue de l'univers pour que rien puisse ajouter à sa juste renommée ; mais elle se couvre d'une nouvelle gloire sous vos ordres, et j'en jouis autant pour vous que pour elle. Dites de ma part à vos intrépides compagnons d'armes que si l'honneur ne m'appelait pas ailleurs, et que si un devoir pénible, mais nécessaire, ne me retenait pas ici, rien ne pourrait me consoler de ne pas avoir partagé avec eux les dangers de cette mémorable journée, et de n'avoir pas vu couler mon sang avec celui de votre excellent fils. J'en verse des larmes de regret; mais la noblesse française doit compter sur moi comme je compte sur elle, et je réponds de la bien servir. »

Monsieur était à Turin lorsqu'il reçut la nouvelle de cette mémorable journée : il écrivit aussitôt à monseigneur le prince de Condé la lettre suivante :

« Ce n'est qu'en arrivant ici, mon cher cousin, que j'ai eu quelque certitude de la nouvelle de la glorieuse affaire du 2 de ce mois, dont un bruit vague m'avait entretenu. Il me serait difficile de vous exprimer la joie qu'elle me cause. Ce n'est pas assurément que je doutasse de ce que peut la valeur de la noblesse française; mais il était temps que les rebelles sussent ce qu'elle peut toute seule, et l'affaire même de Berstheim ne le leur avait appris qu'imparfaitement. Cette joie serait entièrement empoisonnée s'il me restait la moindre inquiétude sur la blessure de votre fils. Mais, tranquille à cet égard, je vous félicite même de cette blessure et de la conduite que votre fils et lui ont tenue.

« Jouissez, mon cher cousin, de cette belle journée, comme bon Français, comme général, comme vaillant chevalier et comme père. Pour moi, indépendamment de ma tendre amitié pour vous et du bien de l'État ; je dois vous avouer que mon amour-propre jouit de voir trois héros de mon sang, où jusqu'à présent je n'étais sûr d'en trouver qu'un ; mais mon sentiment pour vous ne doit pas me faire oublier cette brave noblesse qui s'est si fort distinguée sous vos ordres. Parlez-lui bien du double plaisir que je ressens de sa conduite, et comme gentilhomme français et comme régent du royaume. Adieu, mon cher cousin : vous connaissez bien toute mon amitié pour vous. »

Turin, le 28 décembre 1792.

« J'ai appris, écrivait aussi Son altesse Royale Monsieur à monseigneur le duc d'Enghien ; j'ai appris, mon cher cousin, avec un plaisir que mon amour pour mon sang et l'amitié que vous me connaissez pour vous vous expliqueront facilement, la gloire que vous avez acquise à la journée du 2 de ce mois. Vous êtes jeune, et vous portez le nom du vainqueur de Rocroy; son sang coule dans vos veines, et vous venez de retracer sa valeur. Vous avez devant les yeux l'exemple d'un père et d'un-grand père au-dessus de tous les éloges ! Que de motifs d'espérer que vous serez un jour la gloire et l'appui de l'État. Vous pouvez croire, vous aimant comme je le fais, que je jouis bien sincèrement de ces heureux présages. »

Au milieu de ces triomphes, on apprit l'arrivée prochaine de Monseigneur le duc de Bernis à l'armée : c'était le prince lui-même qui l'annoncait à son général. « Monsieur mon cousin, je ne puis vous exprimer la joie que j'ai éprouvée lorsque mon père m'a annoncé que j'allais servir sous vos ordres. J'ai une grande impatience de vous revoir, ainsi que tous les braves gentilshommes que vous commandez. Je suis gentilhomme comme eux, et c'est un titre dont je m'honore ; et j'espère que vous trouverez en moi la même soumission et le même zèle. »

LIVRE II.

LIVRE II.

VIE DE SA MAJESTÉ LOUIS XVIII JUSQU'A SON ARRIVÉE A MITTAU.

CHAPITRE PREMIER.

Avénement de Louis XVIII au trône.

Le régent était à Véronne lorsqu'on apprit la mort déplorable du jeune Roi. Aussitôt, conformément aux lois de la monarchie, le frère de Louis XVI prit le titre de Roi de France, et fit notifier son avénement à toutes les Cours de l'Europe. Une déclaration royale fut, en même temps, publiée en forme de manifeste. Dans cette déclaration, le Roi, après avoir tracé le tableau de tous les excès dont les ennemis de la France avaient souillé la révolution, se présentait, l'olivier d'une main, et le testament de son malheureux frère de l'autre, prêt à faire tout ce qui dépendrait de lui pour fermer les plaies du royaume. A cette déclaration, les régicides furent saisis de frayeur. Le pouvoir chancelait entre leurs mains; et la Révolution, couverte du sang dont des misérables l'avaient souillée, ne voyait qu'avec effroi le retour des frères du Roi-Martyr. Cependant la Vendée avait déjà repris les armes. « Je travaille de tout mon pouvoir, écrivait le Roi à M. de Charette, à hâter le moment où, réuni avec vous, je pourrai vous montrer en moi un souverain qui fait sa gloire de sa reconnaissance envers vous, et à mes sujets, bien moins un Roi qu'un père. » Le Roi avait demandé un vaisseau à l'Angleterre pour se faire transporter sur les côtes du Poitou. Le comte de Puisaye, qui avait déjà opéré heureusement une descente en Normandie, avait écrit à S. M. qu'il était sûr de la maintenir, et que la présence du monarque produirait certainement un effet utile, peut-être même décisif. Le Roi ordonna aussitôt à monseigneur le duc de Bourbon de se rendre auprès de lui : « J'ose croire, disait-il dans sa lettre, que vous trouverez quelque douceur à être mon bras droit et mon compagnon d'armes. » Hélas! ces nobles exilés étaient prêts à partir pour la patrie, lorsqu'on apprit la malheureuse catastrophe de Quiberon. Cette issue funeste d'une entreprise qui avait coûté tant de soins, et dont les résultats devaient être si glorieux, changea totalement la face des affaires. Le Roi se vit forcé de rester dans l'exil. Un cri d'indignation retentit dans toute l'Europe, au récit de la férocité des vainqueurs. La Révolution seule sourit à l'aspect des nouvelles victimes qui étaient venues s'offrir à ses coups. Bientôt la Prusse tendit une main humiliée à la République; et *le descendant de Louis XIV et de Philippe V fit lui-même la paix.* Il ne resta plus d'autre parti au Roi que de se mettre à la tête de la Vendée; et la lettre suivante, adressée à monseigneur le duc d'Harcourt, fait voir que telle était alors son intention.

« Je ne peux être que très-reconnaissant, disait le Roi, de l'intérêt que le gouvernement anglais prend à ma conservation; mais je vois en même temps qu'il est dans l'erreur sur l'importance qu'il y met, et cette erreur est bien naturelle, parce que l'Angleterre se trouve comme l'Europe entière à la fin du dix-huitième siècle, tandis que la France, en moins de dix années, est revenue à la fin du seizième, et peut-être à une époque plus éloignée, sans que l'on puisse comprendre comment cela est arrivé.

« Ma situation est semblable à celle de Henri IV, sauf qu'il avait beaucoup d'avantages que je n'ai pas. Suis-je, comme lui, dans mon royaume? Suis-je à la tête d'une armée docile à ma voix? Ai-je gagné la bataille de Coutras? Non : je me trouve dans un coin de l'Italie; une grande partie de ceux qui combattent pour moi ne m'ont point vu; je n'ai fait qu'une campagne, dans laquelle on a à peine tiré un coup de canon; mon inactivité forcée donne occasion à mes ennemis de me calomnier; elle m'expose même à des jugemens défavorables de la part de ceux qui me sont restés fidèles, jugemens que je ne peux appeler téméraires, parce que ceux qui les portent ne sont pas instruits de la vérité. Puis-je conquérir ainsi mon royaume? et, supposant que mes fidèles sujets obtiennent un tel succès que je n'aie qu'à me présenter pour obtenir ma couronne, pourrai-je par-là acquérir la considération personnelle, qui n'est peut-être pas absolument nécessaire à un Roi du seizième siècle, mais qui est indispensable à un Roi du dix-huitième, comme je suis? On vous dira que, si les progrès de Monsieur me promettent une entière sécurité, on me conduira dans mes États ; mais cela signifie uniquement qu'on me fera venir lorsque les grands dangers seront passés.

« Dieu m'est témoin, et vous le savez, mon cher duc, vous qui connaissez le fond de mon cœur, que j'entendrai avec satisfaction le chant des Israélites : « Saül a tué mille « hommes, et David dix mille. » Mais ma joie comme frère ne fait rien à ma gloire comme Roi ; et je le répète, si je n'acquiers pas une gloire personnelle, si mon trône n'est pas entouré de considération, mon règne sera peut-être tranquille par l'effet de la lassitude générale, mais je n'aurai pas construit un édifice solide.

« On craint pour ma vie ; mais de quel poids peut être cette crainte à côté de mon honneur et de ma gloire ! Quelle différence de responsabilité entre la vie d'un homme et la destinée d'un royaume ! Quelle alternative, et pourrait-on balancer ?

« Ne croyez pas que ce soit le sang de Henri IV, qui coule dans mes veines, qui me fasse parler de la sorte sans de mûres réflexions : j'ai bien examiné de sang-froid ma position, et jusqu'à quel point ma vie peut être précieuse. Si je péris, la couronne passera sur la tête de mon frère, qui est plus jeune que moi de deux ans ; son fils aîné en à vingt, et le cadet en à bientôt dix-huit. Il faudrait de bien grands malheurs pour que la succession courût des risques : ainsi, de ce côté-là, on peut être sans inquiétude. Le père et les enfans pensent comme moi absolument ; et si j'étais tué, loin que cet événement décourageât mes fidèles sujets, mes vêtemens teints de mon sang redoubleraient leur courage plus qu'aucun autre drapeau.

« Il n'y a rien à craindre pour le Roi, qui ne meurt jamais en France, et pour lequel le ministère anglais craint d'encourir quelque responsabilité. Je connais trop sa façon de penser, et il est trop instruit de la mienne, pour croire que ses alarmes s'étendent jusqu'à ma personne. Si je reste en arrière, si je n'emploie pas non seulement ma tête, mais mon bras, pour monter sur mon trône, toute considération personnelle, je la perds, et si l'on pouvait croire que ce fût de mon plein gré que je n'ai pas joint mes fidèles sujets, mon règne serait plus malheureux que celui de Henri III.

« Le passage du Rhin, la saison qui s'avance, tout se réunit pour me persuader qu'au moins, pour cette année, le corps du prince de Condé n'agira pas. D'ailleurs M. de Thugut a dit depuis peu, sans y avoir été provoqué, que je ne jouerais pas auprès de ce corps un rôle convenable, et je suis en effet convaincu moi-même que, si ce corps n'agit point, j'y serai presque aussi déplacé qu'à Véronne. Que me reste-t-il donc ? La Vendée. Qui peut m'y conduire? Le roi d'Angleterre. Insistez de nouveau sur cet article; dites aux ministres, en mon nom, que je leur demande mon trône ou mon tombeau. La Providence en décidera, et je me soumets d'avance à ses décisions. Tout autre parti, quel qu'il soit, est dangereux pour ma gloire, dangereux pour le bonheur présent et futur de mon royaume, dangereux même pour la tranquillité de l'Europe, incompatible avec l'état de la France, et, s'il est permis de parler de moi après des intérêts si importans, insupportable pour mon cœur.

« *Signé* LOUIS. »

Ces nobles vœux de l'héritier de Louis-le-Grand ne furent point entendus : l'expédition de l'Ile-Dieu fut sans résultat, et la révolution poursuivit sa marche sanglante.

CHAPITRE II.

Louis XVIII est proclamé à l'armée de Condé.

CEPENDANT, les principaux Etats de l'Italie avaient déja reconnu le nouveau Roi de France. Le Souverain-Pontife l'avait fait complimenter, et Venise, se rappelant que l'aïeul du frère de Louis XVI, le grand Henri IV, s'était fait inscrire sur le livre d'or parmi les premiers nobles, avait envoyé un sénateur lui présenter les hommages de la république. A l'armée de Condé, l'avénement de Louis XVIII avait été proclamé par le petit nombre de Français fidèles qui suivaient avec tant de constance et de dévoûment le vieux drapeau de la monarchie. M. le prince de Condé, instruit de la mort du jeune Roi Louis XVII, avait fait élever à la hâte un autel au milieu du camp, et après qu'on eut célébré le service divin, il avait prononcé au milieu des troupes sous les armes le discours suivant :

« Messieurs,

« A peine les tombeaux de l'infortuné Louis XVI, de son auguste compagne, et de leur respectable sœur, se sont-ils refermés, que nous les voyons se rouvrir pour réunir à ces illustres victimes l'objet le plus intéressant de notre amour, de nos espérances et de nos respects : ce jeune rejeton de tant de Rois, dont la naissance seule paraissait annoncer le bonheur de ses sujets, puisqu'il était formé du sang de Henri IV et de Marie-Thérèse, vient de succomber sous le poids de ses fers et sa cruelle existence. Ce n'est malheureusement pas la première fois que j'ai eu à vous rappeler qu'il est de principe que le Roi ne meurt jamais en France : jurons donc au Prince auguste qui devient aujourd'hui le nôtre de verser jusqu'à la dernière goutte de notre sang pour lui prouver notre fidélité sans bornes, cette soumission entière, cet attachement inaltérable, que nous lui devons à tant de titres, et dont nos âmes sont pénétrées. Nos vœux vont se manifester par ce cri qui part du cœur, et qu'un sentiment profond a rendu si naturel à tous les Français, ce cri qui fut toujours le présage comme le résultat de vos succès, et que les républicains n'ont jamais entendu sans stupeur comme sans remords.

« Après avoir invoqué le Dieu des miséricordes pour le Roi que nous perdons, nous allons prier le Dieu des armées de prolonger les jours du Roi qu'il nous donne, et de raffermir la couronne de France sur sa tête par des victoires, s'il le faut, et plus encore, s'il est possible, par le repentir de ses sujets, et par l'heureux accord de sa clémence et de sa justice.

« Messieurs, le Roi Louis XVII est mort : Vive le Roi Louis XVIII ! »

Les acclamations de l'armée retentirent jusque sur la rive gauche du Rhin, *et ne furent pas entendues sans stupeur comme sans remords*. Le nouveau Roi écrivit à M. le prince de Condé cette lettre qui bientôt fut répandue dans toute l'Europe :

« Mon cousin,

« Je suis touché comme je dois l'être des sentimens que vous m'exprimez au sujet de la perte irréparable que je viens de faire en la personne du Roi mon seigneur et neveu. Si quelque chose peut adoucir ma juste et profonde douleur, c'est de la voir partagée par ceux qui me sont chers à tant de titres. La France perd un Roi dont les heureuses qualités que j'ai vues se développer dans sa plus tendre enfance annonçaient qu'il serait le digne successeur du meilleur des rois. Il ne me reste plus qu'à implorer le secours de la divine Providence, pour qu'elle me rende digne de dédommager mes sujets d'un si grand malheur.

« Leur amour est le premier objet de mes désirs, et j'espère qu'un jour viendra où, après avoir, comme Henri IV, reconquis mon royaume, je pourrai, comme Louis XII, mériter le titre de Père de mon peuple.

« Dites aux braves gentilshommes, aux troupes fidèles dont je vous ai confié le commandement, que l'attachement qu'ils m'expriment par votre organe est déjà pour moi l'aurore de ce beau jour, et que je compte principalement sur vous et sur eux pour le faire éclore. Je vous renouvelle avec plaisir l'assurance de tous les sentimens avec lesquels je suis, mon cousin,

« Votre très-affectionné cousin,

« LOUIS. »

Véronne, le 24 juin 1795.

Quels vœux! et qu'ils sont bien d'un Bourbon! A cette voix du père de la patrie, l'armée républicaine sentit sa fierté indignée de suivre encore une assemblée de régicides. Elle était alors commandée par le général habile qui avait conquis la Hollande presque aussi rapidement que le grand Roi Louis XIV avait soumis à ses armes la Franche-Comté : c'était Pichegru. Né avec un esprit droit, et éclairé par l'expérience, il voyait le précipice où l'anarchie révolutionnaire finirait par engloutir le royaume. La journée du 13 vendémiaire venait de lui révéler que, si le gouvernement était passé en d'autres mains, les principes n'étaient point changés; et le sang de ses concitoyens versé inhumainement sur les marches de Saint-Roch était sans cesse présent à son cœur, et le remplissait d'indignation. Il conçut un projet digne de sa grande âme, de relever le trône de Saint-Louis, et de rendre au petit-fils de Henri IV le noble héritage de ses ancêtres. Le camp républicain était à peu de distance de celui de monseigneur le prince de Condé : Pichegru profita de cette proximité pour entamer des négociations avec Son Altesse.

Ces deux grands guerriers ne tardèrent pas à être animés des mêmes sentimens. L'armée de Condé devait passer le Rhin; à son aspect, l'armée républicaine arborait la cocarde blanche, et soixante mille homme marchaient sur Paris, sous les ordre d'un Bourbon. « Surtout point d'étrangers, répétait-on de part et d'autres : c'est aux Français seuls à sauver la France. » Hélas! par une triste fatalité, au moment où Monseigneur allait partir pour Strasbourg, le maréchal de Wurmser, commandant l'armée impériale, exigea des sûretés, et fit des conditions que l'honneur national repoussait. Le prince aima mieux vivre proscrit que de trahir la patrie. La révolution poursuivit sa marche triomphante jusqu'au jour où la Providence s'en servirait pour châtier l'Autriche, et humilier les Rois de l'Europe.

CHAPITRE III.

Situation de la France et de l'Europe.

Après la malheureuse issue d'une négociation dont le succès eût assuré le repos de la France, les cinq membres du Directoire allèrent s'établir au Luxembourg, comme si la grande ombre de Louis XIV les eût épouvantés aux Tuileries. Pichegru fut rappelé : plus tard, les déserts de Synamary devaient être la récompense de ses nobles desseins pour la délivrance de sa patrie. A l'extérieur, le gouvernement révolutionnaire reprit son énergie. Un décret réunit au territoire de la république les pays conquis jusqu'au Rhin, et nos armées s'avancèrent vers le Piémont et la Lombardie, pour les envahir.

Les principaux ministres des puissances étrangères semblaient à cette époque favoriser l'audace de ceux qui agitaient la France. M. le comte de Thugut, en Autriche, attendait que les Français fussent affaiblis par leurs discordes, afin de profiter de notre faiblesse pour s'emparer de la Lorraine et de l'Alsace, comme si la noble conduite de monseigneur le prince de Condé à Strasbourg ne lui eût pas révélé que tous les Français, amis et ennemis, se confondaient dans un même sentiment pour l'indépendance du royaume.

Catherine, malgré sa haine prononcée pour la révolution française, était trop occupée à anéantir la Porte Ottomane, à réduire la Pologne, et à prévenir les intrigues d'une Cour si fertile en grandes catastrophes, pour pouvoir aider d'une manière efficace le parti du Roi de France.

A Madrid, le prince de la Paix, jadis dévoué à l'Angleterre, venait de se soumettre au gouvernement français, et le Roi d'Espagne n'était plus que le vassal de la république. La Prusse avait aussi fait la paix. Pitt seul, après avoir favorisé en 1789 les mouvemens populaires, effrayé des excès auxquels s'étaient portés les agitateurs du royaume, avait déclaré une guerre à mort à la révolution, et dirigé contre elle tous les ressorts de la puissance anglaise.

Il ne restait plus au Roi de France, dans la situation déplorable où les principaux cabinets de l'Europe s'étaient placés, que l'Angleterre et la Vendée. Charette avait déjà repris les armes ; mais que pouvait la valeur fidèle contre la trahison et l'engourdissement des peuples. La Providence réservait Louis XVIII à de plus grandes épreuves, avant de le rétablir sur son trône.

CHAPITRE IV.

Le Roi à l'armée de Condé.

Alors le Directoire, hautain à l'extérieur, et faible dans l'intérieur, profita de l'ivresse ou de la faiblesse des cabinets étrangers ; il osa se plaindre à la république de Venise de l'asile qu'elle accordait au frère du Roi-Martyr. Son éloignement fut demandé, et le sénat Vénitien, qui jadis avait humilié le Croissant, fait trembler l'Egypte et commandé à l'Océan, n'hésita pas à descendre jusqu'à accéder aux propositions du Directoire. Le marquis Pirlotti fut député vers le Roi de France pour le prier de sortir des Etats de la république. La réponse de Louis XVIII fut aussi noble que courageuse :

« Je partirai ; mais j'exige deux conditions : la première, qu'on me présente le livre d'or où ma famille est inscrite, afin que j'en raie le nom de ma main ; la seconde, qu'on me rende l'armure dont l'amitié de mon aïeul Henri IV a fait présent à la république. »

Le Podestat de Vérone osa protester contre la réponse du Roi de France : le monarque, toujours grand dans l'infortune, refusa de recevoir cette protestation. « Je ne recevrai pas davantage celle du sénat. J'ai dit que je partirai : je partirai lorsque j'aurai reçu le passe-port que j'ai envoyé chercher à Venise ; mais je persiste dans ma réponse ; je me la devais, et je n'oublie pas que je suis le Roi de France. »

Tout fut bientôt prêt pour le départ, et, le 21 avril, le Roi prit la route du Brisgaw. Le comte d'Avaray, le vicomte d'Agoult, aide major des gardes, et un domestique, formaient toute la suite de Sa Majesté.

Après une marche longue et pénible à travers les Alpes, l'illustre exilé arriva au quartier général de son armée. Le prince de Condé, qui la commandait, occupait alors le château de Riégel, appartenant au prince de Schwartzemberg. Louis XVIII, en entrant, dit que le commandement resterait toujours au prince de Condé, que pour lui il ne venait servir qu'en qualité de premier gentilhomme de son royaume.

La nouvelle de l'arrivée du Roi se répandit bientôt dans tous les cantonnemens. On en doutait encore, lorsque la déclaration suivante fut mise à l'ordre du jour :

« Des circonstances impérieuses nous retenaient depuis trop long-temps éloigné de vous, lorsqu'une insulte aussi imprévue que favorable à nos vœux ne nous a plus laissé d'asile; mais on ne peut nous ravir celui de l'honneur.

« Le sénat de Venise nous a fait signifier de sortir dans le plus court délai des Etats de sa république. A cette démarche, non moins offensante pour l'honneur du nom français que pour notre personne même, nous avons répondu : « Je « partirai; mais j'exige deux conditions. » (*Voyez plus haut la réponse du Roi.*)

« Nous venons nous rallier au drapeau blanc, près du héros qui vous commande et que nous chérissons tous. Nous nous livrons avec confiance à l'espoir que notre arrivée sera pour vous un nouveau titre aux généreux secours que vous avez déjà reçus de Leurs Majestés Impériale et Britannique.

« Notre présence contribuera sans doute autant que votre valeur à hâter la fin des malheurs de la France, en montrant à nos sujets égarés, encore armés contre nous, la différence de leur sort sous les tyrans qui les oppriment avec celui dont jouissent des enfans qui entourent un bon père. »

Le lendemain de son arrivée, le roi passa en revue le bataillon des gentilshommes, et parcourut la ligne.

Quelques jours après, un service solennel fut célébré au camp pour honorer la mémoire du Crillon vendéen, de ce brave Charrette si traîtreusement livré aux républicains. Cette cérémonie lugubre fut faite avec une simplicité majestueuse qui en rehaussa l'éclat.

En sortant de l'église, le Roi prononça le discours suivant :

« Messieurs,

« Nous venons de rendre le dernier des devoirs à celui que vous avez admiré, peut-être même envié jusque sur le champ de bataille de Berstheim ; à celui qui tant de fois a fait entendre en France ce cri qui m'a causé dans vos rangs une satisfaction vive, mais que j'aurais mieux aimé répéter avec vous. Cette perte est bien grande. Elle me semble cependant moins amère, me trouvant parmi vous, sous les ordres d'un chef aussi digne que celui que nous regrettons de guider la bravoure et l'honneur vers le but que tout bon Français se propose. »

Ce noble hommage rendu par le Roi de France à un héros malheureux fit la plus vive impression sur l'armée, et elle demanda à affronter de nouveaux dangers.

CHAPITRE V.

Suite du précédent.

Le Roi employa quelques jours à passer la revue de ses troupes. Le 11 mai, après avoir déjeuné chez monseigneur le duc d'Enghien à Nonemwih, il s'avança jusqu'à l'avant-garde, que commandait ce jeune prince, et admira la bonne tenue de cette petite troupe, qui, sous son valeureux chef, s'était déjà fait remarquer par tant d'actions héroïques. La présence du monarque excita la plus vive joie dans le cœur de ces braves, et bientôt les cris de *Vive le Roi!* se firent entendre. A ce cri, aux transports de joie qui éclataient sur la rive droite du Rhin, les soldats républicains accoururent et demandèrent à voir le Roi. Le monarque exilé s'approcha aussitôt des bords du fleuve. Vainement monseigneur le duc d'Enghien le supplia de se rappeler que le règlement de discipline défendait de parler aux troupes. « Le mouvement de mon cœur est plus fort que vos règlemens, dit le Roi : il faut que je leur parle. » Puis, poussant son cheval sur les bords du Rhin, et s'adressant aux soldats : « C'est moi, leur dit-il, qui suis votre Roi, ou plutôt votre père ; vous êtes tous mes enfans. Je viens mettre un terme aux malheurs dont la France est accablée : ceux qui vous disent le contraire vous trompent.... » A ces mots une voix s'élève et dit : « Criez Vive le Roi ! — Non, non reprit vivement Louis XVIII : vous pourriez vous compremettre. Le jour n'est pas éloigné, j'espère, où vous pourrez le faire sans crainte. » Des soldats français ne voient pas sans émotion un descendant d'Henri IV : une foule de lettres, de messages, d'offres de service, arrivèrent bientôt de l'armée et des provinces.

L'enthousiasme qu'excita sa présence ne tarda pas à donner de l'ombrage à la Cour de Vienne. Cette Cour, aussi astucieuse qu'incertaine dans ses projets, avait cru pouvoir mettre à profit la révolution française pour s'emparer de l'Alsace et de la Lorraine. L'arrivée d'un monarque français qui ne souscrirait jamais à ce projet insensé, et qui, sans sceptre, sans pouvoir, pourrait encore le faire avorter, la contraria visiblement. Vainement le Roi avait écrit au maréchal de Wurmser, qui commandait l'armée autrichienne, « que son intention n'était pas de faire le moindre changement dans le commandement.... ; qu'il ne voulait que partager les fatigues de la guerre, sans autre qualité que celle de simple soldat » : quinze jours s'étaient à peine écoulés depuis son arrivée, que le cabinet autrichien exigea formellement que le Roi de France abandonnât son armée. Ce monarque répondit que la force seule pourrait le contraindre à quitter le poste où l'avait appelé l'honneur.

Pendant que ces choses se passaient, le bruit de la prochaine rupture de l'armistice se répandit, et l'on apprit bientôt que les hostilités recommenceraient le 31 mai. Le Roi, pour mettre un terme aux obstacles que les ministres de l'empereur suscitaient contre son séjour à l'armée, ordonna à M. de Montgaillard de se rendre auprès de l'archiduc Charles, et lui remit en même temps les dépêches suivantes, écrites de sa main :

« Mon cher cousin,

« La franchise et la loyauté avec lesquelles vous vous êtes expliqué sur nos communs intérêts m'autorisent à en user de même à votre égard, dans un moment où la juste confiance de votre auguste frère en vous peut et doit sauver, non seulement la France, mais aussi toute l'Europe, dont le sort dépend des événemens qui vont se passer sur le bord du Rhin. Je charge M. de Montgaillard de vous remettre cettre lettre, et de vous donner, de vive voix, tous les détails qu'elle ne peut renfermer. Vous savez les raisons qui m'ont contraint à quitter l'asile où je suis resté si long-temps malgré moi, et à remplir le vœu que je ne cessais de former, et que vous auriez formé à ma place. J'en ai fait part à S. M. I.; et M. le comte de Saint-Perest, qui est chargé, en ce moment, de mes affaires auprès d'elle, m'a transmis le désir qu'elle avait que je m'éloignasse de l'armée. J'ai répondu par la lettre dont je remets la copie à M. de Montgaillard, afin de rendre celle-ci moins longue. Sa renonciation m'a été, peu de jours après, transmise par le baron de Summerhaw et par le maréchal de Wurmser, auxquels j'ai répondu qu'ayant écrit sur ce sujet à Vienne, j'en attendais avant tout la réponse. J'ai reçu, avant hier au soir, une lettre de M. de Saint-Perest, du 23 de ce mois, où il me mande que les dispositions sont toujours les mêmes, et qu'on lui a même ajouté que, si je persistais à demeurer à l'armée, on en viendrait, quoiqu'à regret, à employer la voie de la contrainte. Je ne rapporte ce dernier article que pour mieux vous témoigner mon entière confiance, car vous sentez bien que je connais trop le caractère de l'empereur pour supposer même un instant qu'il voulût user de pareils moyens.

« Vous jugez bien, mon cher cousin, que si j'avais cent bonnes raisons, le 12 mai, pour rester à l'armée, à présent j'en ai mille. La cessation de l'armistice suffirait seule; mais indépendamment de ce motif, que votre âme apercevra bien, il y en a de politiques et qui sont du plus grand poids. Vous avez eu toute la correspondance du général Pichegru; vous savez combien il a désiré que je me rapprochasse, à quel point il n'a cessé, depuis quatre mois, d'insister à cet égard, combien il a été satisfait de mon arrivée, l'effet qu'il dit que ma présence a produit, et surtout combien il regarde comme essentiel que je demeure. Vous connaissez la vivacité avec laquelle ce même désir a été exprimé par différentes personnes qui servent, à Paris, les intérêts de la cause commune. Vous avez su que ce général Pichegru m'a transmis, à ce sujet, des nombreuses intelligences qu'il a dans cette ville et parmi les premières autorités.

« Qui mieux que vous peut faire sentir à l'empereur la nécessité de ma présence à l'armée? J'aurais bien voulu traiter cette affaire directement avec lui; mais les raisons que vous savez sans doute lui ont fait désirer que je ne lui écrivisse pas moi-même. Heureusement c'est à un autre lui-même que je puis m'adresser! Et pour vous mettre à votre aise, je retranche le ton cérémonial et je vous prie d'en user de même en me répondant. Je vous dirai même que je regrette de ne m'être pas mis plus tôt au-dessus de cette bêtise, car c'est elle qui m'a empêché de vous écrire en arrivant ici. Je vous prie donc, avec toute la confiance que me donne l'amitié que vous m'avez inspirée dans le peu que je vous ai vu, les liens du sang qui nous unissent, et la conviction où nous sommes tous deux de l'importance dont il est pour le présent et le futur que l'union de l'Autriche et de la France soit plus étroite que jamais, de faire sentir à l'empereur tous les avantages de ma présence à l'armée, et les maux incalculables qui résulteraient de mon éloignement. Vous êtes mon proche parent, vous m'avez témoigné de l'amitié : cet éloignement reculerait la fin de mes malheurs.

Vous aimez la gloire : il nuirait à la mienne. Vous êtes frère de l'empereur : ses intérêts en souffriraient. Vous avez l'âme sensible : de nouveaux torrens de sang en seraient le fruit. Il est impossible que ces considérations, présentées par vous avec cette énergie qui vous est propre, ne fasse sur l'âme élevée de S. M. I. l'effet que j'en attends. Si vous pensiez qu'il fût utile de mettre ma lettre même sous ses yeux, vous en êtes absolument le maître; si même par la suite l'empereur voulait adopter cette forme qui évite tout embarras, nous pourrions communiquer directement ensemble, et cela ne pourrait avoir que de grands avantages.

« Vous voyez, mon cher cousin, avec quelle confiance je vous parle : je vous prie d'y répondre par une pareille. Adieu, je vous embrasse avec toute l'amitié que vous me connaissez pour vous. »

CHAPITRE VI.

Suite du précédent.

L'Archiduc avait carte blanche : il prit à la situation du monarque exilé le plus vif intérêt, et Sa Majesté put enfin partager les périls de sa fidèle noblesse. L'amée royale se mit en mouvement le 3 juin ; le Roi de France occupa le château de Metzingen, que Louis XV avait habité en 1744 pendant le siége de Fribourg, et le quartier général y fut établi. Le 10 juin on s'avança jusqu'à Riégel : ce fut là que l'on apprit que le fort de Kelh avait été lâchement abandonné par les troupes du cercle de Souabe. Les républicains s'étaient même avancés jusqu'à Altenheim, d'où Monseigneur le duc d'Enghien les repoussa avec son intrépidité ordinaire ; mais le comte de Staray ayant éprouvé un léger échec, l'avant-garde des émigrés se replia sur Offembourg. Le jeune héros qui avait battu les républicains à Altenheim s'y défendit avec la même bravoure, et effectua sa retraite en bon ordre par la vallée de Kintzig, couvrant une partie des corps autrichiens. Le Roi se trouva à peu de distance du champ de bataille, et il témoigna au jeune prince sa satisfaction des preuves d'héroïsme qu'il venait de déployer. Le monarque se trouva lui-même à la tête de ses troupes à Mahlberg, et contribua, par sa présence et son activité, à protéger la retraite des Autrichiens.

Tous les généraux de l'Empire s'empressèrent de rendre un hommage public à la vaillance des troupes royales, et le comte de Latour écrivit à Monseigneur le prince de Condé une lettre qui fut mise à l'ordre. Cette lettre répondait aux bruits odieux que les jacobins avaient répandus sur l'indiscipline du corps de Condé.

« C'est avec une véritable satisfaction, disait le général, que je fais mon compliment à S. A. S. sur la valeur distinguée avec laquelle ses troupes ont combattu : je n'en attendais pas moins des braves et respectables émigrés à la tête desquels est S. A. S., et malgré l'acharnement et la bassesse avec lesquels certaines gens ont cherché à les déprécier, il n'y a qu'une voix sur la bravoure dont son armée vient de donner de nouvelles preuves, et toute l'armée autrichienne rend hommage à la valeur et à la constance rigoureuse qu'elle a témoignées dans les différentes attaques qui viennent d'avoir lieu. »

Les chevaliers de la couronne, les chasseurs nobles, la légion de Mirabeau, que commandait M. le comte de Damas, toutes les troupes enfin rivalisaient d'ardeur et d'héroïsme sous les yeux d'un prince qui montrait tant de grandeur d'âme dans ses infortunes.

CHAPITRE VII.

Le Roi part pour Dillingen.

La victoire du général Jourdan précipita la retraite de l'archiduc. L'armée de Condé rétrograda vers le Danube. Elle se trouvait alors dans une position fâcheuse : obligée de couvrir l'armée autrichienne, elle avait encore à supporter tout l'effort des républicains qui l'avaient suivie par la vallée de Kintzig. La droite du corps de Condé se trouva même tout à coup à découvert, et à chaque instant on était menacé de se voir enveloppé, sans autre espérance qu'une mort glorieuse. Le Roi fut alors supplié de se retirer sur Ausbourg. S. M. s'y opposait vivement. Elle ne céda qu'aux instances et aux prières de Monseigneur le prince de Condé. Avant de partir, le vénérable monarque adressa à son héroïque armée cette lettre pleine de sentimens, où il témoignait la douleur qu'il éprouvait de s'éloigner d'elle :

« Lorsque je suis venu avec tant d'empressement me réunir à vous, dans l'espoir de délivrer mes malheureux sujets du joug qui les opprime, j'étais loin de prévoir que ce moment heureux devait être suivi d'une séparation déchirante. Des motifs impérieux l'exigent aujourd'hui ; mais j'ai besoin de toutes mes forces pour m'y déterminer.

« Si quelque chose peut adoucir le sentiment douloureux que je ne cesserai d'éprouver jusqu'à ce que je revienne rejoindre mes braves compagnons d'armes, c'est de les laisser entre les mains d'un prince de mon sang, dont le courage, le dévouement, la constance, lui ont donné le droit de me représenter, et auquel, comme ami et comme souverain, j'ordonne de continuer à commander ainsi qu'il l'a fait jusqu'à présent cette illustre armée, dont, en ce moment même, la voix de nos amis et celle de nos ennemis attestent également le dévouement, l'énergie et la fidélité. »

S. M. se rendit dans le plus grand incognito, accompagnée de trois de ses serviteurs, à Dillingen, petite ville près du Danube, appartenante à l'électeur de Trèves. Il comptait s'y arrêter un moment, et se remettre en route pour aller chercher un asile en Saxe, et attendre, comme il avait dit en partant à ses braves compagnons d'armes, des circonstances plus heureuses pour venir combattre de nouveau pour le salut de ses malheureux sujets.

Le 19 juillet, le Roi, fatigué par le travail et la chaleur, s'était mis à la fenêtre avec le duc de Fleury; il faisait clair de lune, qui ne donnait cependant pas sur la maison; les lumières qui étaient en arrière sur la table éclairaient la tête du Roi. Il y avait à peine un quart d'heure que S. M. s'était mise à la fenêtre, lorsqu'un coup de carabine fortement chargée part d'une arcade voisine; la balle atteint le Roi au sommet de la tête, frappe le mur, et tombe dans sa chambre. Au mouvement que fait le Roi, le duc de Fleury s'écrie, le duc de Grammont accourt, le comte d'Avaray revient sur ses pas: ils croient leur maître mortellement blessé.

En le voyant tout couvert de sang, le prince courageux lui dit tranquillement : « Rassurez-vous, mon ami, ce n'est rien, rien du tout; vous voyez bien que je suis resté debout, quoique le coup soit à la tête. »

Le Roi ne s'était assis que quelques minutes après. Sa plaie était profonde, affreuse, et il ne fallait rien moins que le raisonnement, qu'à l'exception du Roi tout le monde avait perdu, pour juger qu'une blessure mortelle à la tête ne puvait pas de marcher ni d'agir. Il est impossible de montrer plus de douceur, plus d'intérêt pour ses serviteurs éperdus, que le Roi ne l'a fait dans cette occasion. L'un d'eux s'étant écrié : « Ah mon maître ! si le misérable eût frappé une demi-ligne plus bas. — Eh bien, mon ami, répondit le monarque, le Roi de France se nommerait Charles X. »

L'armée était partie d'Ach pour aller camper au delà de Stockach, lorsque monseigneur le prince de Condé reçut la nouvelle de cet attentat. Toutes les troupes furent saisies d'indignation et de douleur. Les soldats, qui n'avaient pas vu S. M. avant son arrivée à Régel, avaient pu connaître, dans le court séjour que le Roi fit à l'armée, toute la noblesse et toute la bonté de son caractère. Monseigneur le duc d'Enghien fit mettre à l'ordre, à l'avant-garde, la lettre que le monarque lui écrivit le lendemain de cet événement :

« Je vous dirai, mon cousin, que ma blessure suit avec rapidité la marche ordinaire, et je ne dirai pas que la guérison en soit longue. Dites de ma part à mes braves et fidèles compagnons d'armes que je suis aussi touché que peu surpris des sentimens qu'ils ont éprouvés en apprenant mon accident ; que, dans tous les temps et dans tous les lieux, dans toutes les circonstances, ils auront en moi un père dont le bonheur serait de partager leurs peines, s'il ne pouvait les adoucir. »

Cependant l'armée continuait sa marche rétrograde vers le Danube. Dans cette retraite, quelques faits d'armes honorèrent les troupes royales. Trente hussards de Barclay mirent en fuite une centaine de républicains, et ramenèrent plusieurs prisonniers au camp. Une seule compagnie de la légion de Mirabeau défendit un passage étroit contre six cents hommes et dix pièces d'artillerie. Monseigneur le duc d'Enghien, qui commandait l'arrière-garde, se couvrit de gloire, non seulement par sa bravoure, mais encore par son habileté. Il reconnut deux ou trois fois les fausses positions où quelques officiers supérieurs avaient mis leurs troupes, et rectifia leurs lignes. Il plaça aussi en plusieurs circonstances son artillerie avec tant de précision et d'avantage, qu'il arrêta toutes les fois l'ennemi. Les gens expérimentés reconnaissaient avec joie dans ce jeune Prince toutes les qualités de son aïeul, et surtout son coup d'œil militaire.

CHAPITRE VIII.

Le Roi se retire à Blankembourg.

Le Roi se retira alors à Blankembourg, petite ville du duché de Brunswick, à trois lieues d'Halbrestadt. Ce pays est montagneux, couvert de forêts, et fertile en pâturages. On y trouve quelques mines de fer, et les campagnes qui sont au nord de la ville produisent seules du grain. On y compte à peine trois mille habitans, et sur l'escarpement d'un rocher, le château de Blankembourg domine les plaines d'alentour.

Ce fut là que le Roi de France trouva une retraite, et passa deux années dans une heureuse tranquillité.

L'appartement qu'il occupait était composé de trois pièces au deuxième étage ; la pièce du milieu servait de salon et de salle à manger. Le Roi couchait dans une des chambres latérales ; l'autre pièce était occupée par M. le duc de

Grammont, capitaine des gardes du corps : c'était dans cette troisième pièce que l'on célébrait la messe, à laquelle Louis XVIII assistait tous les jours.

Monseigneur le duc d'Angoulême et monseigneur le duc de Berry formaient la société habituelle de S. M. Outre ces deux princes, on remarquait parmi les personnes de distinction qui suivaient le Roi M. le duc de Grammont, M. le comte d'Avaray, MM. les ducs de Villequier et de Fleury, le comte de Cossé, le marquis de Jaucourt, le comte de La Chapelle et le duc de Lavauguyon.

Tous les jours les Princes venaient déjeuner, à dix heures, avec le Roi; à onze heures, on se rendait à la messe, ensuite chacun se retirait; à deux heures, le Roi sortait suivi de ses gentilshommes et des capitaines de ses gardes, pour faire une promenade à pied; à quatre heures, S. M. rentrait pour dîner, après lequel elle regardait jouer aux échecs ou au trictrac.

Avant huit heures, la Cour était congédiée; elle se rassemblait de nouveau à dix heures; le Roi faisait alors une partie de wisk avec madame la comtesse de Marsan, et, entre minuit et une heure, chacun se retirait.

C'est de cette retraite que Louis XVIII dirigeait les nombreux agens du parti royaliste, et cherchait à marcher à la conquête de son royaume en évitant toute effusion de sang.

Les principaux moyens d'accroître l'influence des royalistes dans l'intérieur consistait à écarter de l'administration, par tous les moyens possibles, les régicides, leurs chefs et ceux des jacobins, à travailler à assurer le succès des élections, enfin, à gagner et à nommer le plus grand nombre possible des membres du parti connu sous le nom de *ventre*. La force militaire ne devait être employée que comme auxiliaire.

Tandis que le Roi portait ainsi son attention sur l'intérieur du royaume, sa sollicitude s'étendait aussi sur le corps d'armée que commandait monseigneur le prince de Condé; il suivait d'un œil attentif tous ses mouvemens; et, après la belle campagne où Moreau ne put se rendre maître de l'armée autrichienne, grâces à cette faible troupe de chevaliers français, il envoya M. de Malden, un de ses gardes du corps, pour porter des grâces à son armée héroïque. Cet envoi était accompagné de la lettre suivante:

« Je cherche à me dédommager, mon cher cousin, de l'impossibilité où j'ai été de continuer à partager les héroïques travaux de ma brave armée, en lui donnant des témoignages certains de ma satisfaction, par les grâces que je vous charge de lui annoncer. La valeur l'a fait triompher d'ennemis dignes d'elle, s'ils combattaient pour une meilleure cause. La générosité a fait plus : elle a vaincu des haines que l'artifice le plus profond travaillait depuis long-temps à nourrir. Comme Roi, comme père, je lui dois une égale reconnaissance. Généraux, officiers, gentilshommes, soldats, tous l'ont méritée. Je voudrais pouvoir inspirer à chacun d'eux tout ce qu'ils m'inspirent.

« Je remplis ce vœu en m'adressant à vous. Vous êtes à la fois leur chef et leur modèle : je ne puis choisir un meilleur organe, ni vous donner à vous-même une meilleure preuve de l'amitié dont vous savez bien, mon cousin, que je suis pénétré pour vous. »

CHAPITRE IX.

Le Roi se décide à partir pour la Russie.

CEPENDANT la France, lasse de dix ans de misère et d'anarchie, soupirait après le gouvernement paternel de ses Rois. Pichegru avait arrêté, avec plusieurs de ses collègues, un plan qui devait assurer le succès du retour de l'ordre, de la paix, et des Bourbons. Le 17 fructidor était fixé pour l'exécution de ce projet. Un député devait monter à la tribune, et demander un décret d'accusation contre les triumvirs du Directoire. Un traître vendit au ministre de la police républicaine les desseins des royalistes, et, le 18 fructidor, la révolution, protégée par le canon et les baïonnettes, poursuivit sa marche triomphante. Les tables de proscription furent dressées, un décret annula les élections de quarante-neuf départemens, et cinquante-quatre députés furent condamnés à la déportation.

Le Roi fut navré de douleur à cette nouvelle : les malheurs de tant de députés estimables, déportés comme ses adhérens, le touchèrent sensiblement, et la lettre suivante, qu'il écrivit à M. Imbert-Colomés, exprime tout l'intérêt que S. M. prenait à leur sort :

« Vous pouvez penser, Monsieur, quelles ont été mes inquiétudes lorsque j'ai appris la catastrophe qui vous a mis dans un si grand danger : elles ne peuvent se comparer qu'à la satisfaction que j'ai ressentie en vous sachant enfin en sûreté. Comme Roi, comme père de mes sujets, je ne puis que gémir d'un événement qui retarde la fin des malheurs de ma patrie ; mais pour vous, Monsieur ; mes sentimens sont biens différens, et je suis plus porté à vous féliciter qu'à m'affliger avec vous d'un acte de violence qui met vos sentimens dans un jour plus éclatant, s'il est possible, qu'ils n'y étaient déjà, et par lequel vos persécuteurs eux-mêmes vous couvrent de gloire. Je voudrais que tous ceux qui, comme vous, ont mérité l'honneur de la proscription, y eussent échappé comme vous. Mais vous êtes, jusqu'à présent, le seul sur qui je sois rassuré.

« Si vous connaissez les lieux où quelques uns de vos dignes collègues se soient retirés, soyez mon interprète auprès d'eux. Dites leur qu'ils partagent les sentimens que je viens de vous exprimer. Ajoutez-leur que ce nouveau revers n'abat pas ma constance immuable, comme ma tendre bienveillance pour eux, et que j'ai la douce et ferme confiance que leur courageux attachement aux vrais principes de la monarchie n'en sera pas plus ébranlé. »

Le Roi porta aussitôt ses regards sur son armée. Le gouvernement directorial venait de forcer, par le traité de Campo-Formio, l'empereur d'Autriche et le roi de Prusse à subir le joug, et à licencier le corps de Condé. Louis XVIII écrivit à Paul Ier, qui offrit à ces braves une retraite dans ses Etats.

Le Czar en même temps lui proposa une résidence à Mittau, dans le château des ducs de Courlande. L'auguste monarque n'accepta cette noble proposition de l'empereur de Russie qu'avec le plus vif regret, et ne s'éloigna qu'avec douleur des frontières de son royaume. Ses sentimens se trouvent exprimés dans la lettre qu'il écrivit à Monseigneur le Prince de Condé, qui était alors à Saint-Pétersbourg :

« J'étais, dit le Roi, dans l'incertitude de mon sort : il est fixé par la généreuse amitié de Paul Ier. Vous me connaissez assez pour être bien certain de la sensibilité avec laquelle j'accepte un asile auquel la grâce, les attentions délicates de ce monarque, ajoutent un nouveau prix, et je pars le 10 du mois prochain pour m'y rendre. Que dis-je ? je pars. Si l'oppression sous laquelle gémit un moment la Suisse la portait à se soulever contre ses tyrans, et à embrasser le seul parti qui lui reste, de réunir l'arc de Guillaume-Tell au panache de Henri IV, pour sauver à la fois ma couronne et sa liberté, ce ne serait point à Mittau que j'irais : ce serait chez nos braves et anciens alliés ; et l'âme noble de Paul Ier jouirait plus de me voir me montrer digne de son amitié, qu'en goûter les fruits ; mais j'ai bien peu d'espérance de ce côté, et il n'est que trop vraisemblable qu'avant mon départ elle sera totalement évanouie. »

LIVRE III.

LIVRE III.

VIE DE SA MAJESTÉ LOUIS XVIII DEPUIS SON ARRIVÉE A MITTAU, JUSQU'A SON RETOUR EN FRANCE.

CHAPITRE PREMIER.

Le Roi à Mittau.

LE Roi fit son entrée à Mittau le 20 mars. Monseigneur le duc d'Angoulême était avec lui dans sa voiture. Le corps des habitans vint au-devant de lui et l'accompagna au château, où, par ordre du Czar Paul Ier, l'on avait préparé des appartemens magnifiques pour le Roi et pour les Princes de sa maison royale. Triste vicissitude des choses humaines, le Roi de France était contraint par le malheur des temps et par une révolution sans exemple dans les fastes de l'univers d'aller chercher un asile sur les bords de la Grosbach, à six cents lieues de son royaume. Un simulacre de grandeur ne suivait plus le descendant de Louis XIV; mais partout où il portait ses pas on reconnaissait sur son front vénérable le rejeton de la famille la plus ancienne et la plus noble de l'Europe.

La cour et les appartemens étaient remplis de gardes, comme si l'empereur lui-même fût arrivé. Le lendemain, le gouverneur de Mittau présenta au Roi le corps de la noblesse; et le baron de Fersen, après lui avoir remis des lettres de l'empereur son maître, lui présenta aussi le corps des officiers. Les anciens gardes du corps de l'infortuné Louis XVI étaient déjà arrivés; ils venaient offrir à leur nouveau maître ce sang échappé à la hache révolutionnaire, et qu'ils auraient voulu verser pour leur maître. Le frère du Roi-Martyr les accueillit avec la plus touchante affabilité, et choisit parmi eux une garde particulière qui fit le service dans les appartemens: la garde de la cour avait été laissée à la garnison, qui y envoyait tous les jours cinquante hommes.

Le château de Mittau avait long-temps servi de résidence aux ducs de Courlande. Placé sur la route de Riga, près de la petite rivière de Grosbach, et à l'extrémité de la ville, sa situation est extrêmement agréable; les appartemens en sont beaux, grands, vastes, et dignes d'un souverain. Ce fut là que notre Roi vécut long-temps, retiré, avec le petit nombre de Français fidèles qui l'avaient suivi sur la terre étrangère.

On y remarquait M. le comte d'Avaray; M. le duc de Guiche, capitaine des gardes; M. le comte de Cossé; M. le marquis de Jaucourt, ministre d'État; M. le comte de la Chapelle, ministre de la guerre; M. le duc de Villequier, premier gentilhomme de la chambre, M. le marquis de Sourdis, M. le vicomte d'Agoult, M. le chevalier de Montaignac, M. le chevalier de Boisheuil; l'abbé de Frimont, aumônier et confesseur du Roi; M. de Guillermy, ancien député aux États généraux; M. de Courvoisier, trois chapelains, les gardes du corps et une cinquantaine de personnes attachées au service de Sa Majesté ou de ses serviteurs.

Le Czar faisait un subside annuel de six cent mille francs; la Cour d'Espagne envoyait de son côté quatre-vingt-quatre mille livres. Cette noble hospitalité de Paul Ier touchait l'âme grande et généreuse de Louis XVIII; mais sa pensée ne cessait de se tourner vers son royaume, vers cette belle France, que ses ancêtres avaient élevée à un si haut degré de prospérité et de gloire. Hélas! la funeste imprévoyance des cabinets de l'Europe avait rendu la révolution plus forte et plus menaçante que jamais. La journée du 18 fructidor avait nécessité le traité de Campo-Formio et l'ouverture du congrès de Rastadt, où la patrie, se couvrant d'une gloire nouvelle par les armes et par ses triomphes, étendit ses limites jusqu'au Rhin; tandis que, dans l'intérieur, les réactions du despotisme et de l'anarchie faisaient peser leur sceptre affreux sur tout ce qui restait encore de vertueux et de distingué. Bientôt le Directoire, ne pouvant conserver son autorité qu'à force de victoires et de conquêtes, fit envahir la Suisse; une armée fut envoyée en Egypte avec une autre Alexandre pour la conquérir, bien que nous fussions en pleine paix avec la Turquie; les Rois de Naples et de Piémont furent renversés; le Saint-Père lui-même, Pie VI, arraché de son trône pontifical, se vit traîné par ses ennemis à la Chartreuse de Florence. Dans son infortune, le Roi lui écrivit cette lettre de consolation :

« Très-Saint Père,

« Permettez qu'au milieu de l'affliction à laquelle le cœur de Votre Sainteté est en proie, la voix d'un fils tendre et respectueux s'élève vers elle pour lui exprimer celle qu'il ressent lui-même. Ma tristesse pourrait être moins profonde si les attentats commis contre Votre Sainteté l'avaient été par d'autres que par des Français. Mais, Très-Saint Père, ce sont des enfans égarés ; ils méconnaissent leur propre père : ils ont pu aussi méconnaître le père commun des fidèles. Daignez ne pas vous en prendre à eux, bien encore moins à la France : elle est, elle sera toujours le royaume très-chrétien, comme Votre Sainteté sera toujours le successeur de saint Pierre. Les seuls coupables sont les tyrans qui abusent ou plutôt qui oppriment mon peuple. Votre Sainteté ne confondra pas leurs victimes avec eux, et les prières, plus agréables que jamais à Dieu dans ces temps d'épreuves et de douleurs seront, j'ose l'en conjurer, plus spécialement dirigées en faveur de cette nation qui ressent d'une manière si terrible les effets de la colère céleste.

« Quant à moi, Très-Saint Père, je renouvelle à Votre Sainteté les assurances de mon attachement inviolable au Saint-Siége, et de ma vénération pour votre personne sacrée, avec lesquels je suis,

« Très-Saint Père,

« Votre très-dévôt fils,

« Louis. »

Tous les Rois tremblèrent sur leurs trônes, et une nouvelle coalition se forma contre la France. le Czar, qui l'avait fomentée, s'en déclara le chef. Le Roi lui envoya à cette occasion le cordon de Saint-Lazare : « C'est pour moi, dit Paul Ier en le recevant, c'est pour moi le souvenir constant d'un ami malheureux. » La Cour de Vienne avait déjà mis sur pied une armée formidable, les colonnes russes s'avançaient vers les bords du Rhin, lorsque le célèbre Souwaroff fut envoyé pour commander les deux armées combinées.

C'était un homme entreprenant, déjà connu par plusieurs victoires remportées sur les infidèles, né avec l'instinct du commandement et tout ce qui peut faire un grand capitaine. Personne ne connut mieux que lui l'art si rare et si difficile d'exciter ou de modérer à son gré l'ardeur des soldats. Avec cela, singulier en tout, dans ses actions comme dans ses discours, bizarre jusqu'à la folie, ne mangeant habituellement que du gruau et des fruits secs (1), et vêtu

(1) Souwarof se couchait après son dîner, qui lui était servi neuf heures du matin. De peur de se livrer à son appetit, il ordonnait à un de ses aides de camp de lui défendre de manger. La formule de cette prohibition était plaisante. »

presque toujours d'un caleçon de toile bleue, ce n'était qu'en présence de l'ennemi qu'il laissait voir son expérience, son coup d'œil militaire, et qu'il redevenait le feld maréchal de l'empire, le vainqueur du Croissant, et le destructeur de la liberté polonaise.

Voilà l'homme à qui fut confié le commandement des armées russe et autrichienne, et la noble résolution de rendre à la France son Roi et le repos. L'imprévoyante ambition de la Cour de Vienne devait encore sauver le Directoire.

Souwaroff, en passant à Mittau, avait présenté ses hommages à Louis XVIII. « Le jour le plus précieux de ma vie, avait dit ce grand général au malheureux monarque, sera celui où je répandrai mon sang pour vous faire remonter sur le trône de vos pères. » Arrivé sur les bords du Rhin, sa fortune avait bientôt changé la face de l'Italie. Déjà il avait arraché au Directoire le sceptre de ces bel-

---

« *Le feld maréchal*, disait l'officier, *est averti que son repas doit cesser à l'instant.* — *Pourquoi?* demandait le vieux guerrier. — *Parce qu'il y va de sa santé et de son honneur.* — *Qui vous a dit de me parler ainsi?* — *Le feu maréchal Souwarof.* — *Dans ce cas il faut obéir.* Et il se levait après ce plaisant colloque.

Extrait d'une Notice russe sur Souwarof.

les contrées, et soumis la Lombardie, le Milanais et le Piémont avec tant de rapidité, que les pentarques du Luxembourg flottaient irrésolus sur les moyens de conserver leur puissance, lorsque la jalouse politique de l'Autriche détruisit tout ce qu'avait fait le génie de Souwaroff. Le général russe voulait rendre le Piémont au Roi de Sardaigne : l'Autriche s'y opposait. La hauteur de cette puissance, l'irrésolution de ses armées sur les bords du Rhin, irritèrent Souwaroff, et le Czar ordonna à ses armées de retourner en Russie. En même temps reparut à Antibes cet homme extraordinaire dont le Directoire avait cru pouvoir se débarrasser en l'envoyant sur les bords du Nil. Cet autre Alexandre y avait déjà fondé un nouvel empire. Au bruit des succès des armées combinées, il partit, confiant sa fortune à une faible nacelle, et arriva à Paris plein de gloire et d'espérance. L'éclat de son nom attirait tous les regards, et il eût pu devenir à cette époque le Monk français, si son génie entreprenant n'eût préféré suivre le torrent de la fortune qui le poussait lui-même vers sa ruine.

CHAPITE II.

Mariage de MADAME Royale avec Monseigneur le duc d'Angoulême.

CEPENDANT MADAME Royale, depuis le jour où les bourreaux de sa famille l'avaient rendue à la liberté, avait trouvé à Vienne, dans le palais de son oncle, un asile digne de la fille de nos Rois. Le monarque, le frère du Roi-Martyr, suivant les intentions de Louis XVI, lui destinait pour époux Monseigneur le duc d'Angoulême. Son cœur paternel ne pouvait supporter la pensée de voir MADAME éloignée de la France par une alliance étrangère. Il demanda donc l'approbation de sa nièce : MADAME y consentit avec joie : ses espérances allaient être comblées, puisqu'elle allait se réunir à sa famille, et devenir la fille de Louis XVIII.... Son Altesse Royale partit de Vienne dans les premiers jours du mois de mai 1799.

Le Roi alla au-devant d'elle. Les voitures étaient près de se rencontrer, lorsque MADAME ordonne d'arrêter, descend rapidement, et se précipite vers le Roi, qui, les bras étendus, accourt pour la presser sur son cœur. « Je vous revois enfin! s'écrie MADAME, en se jetant à ses pieds : Je suis heureuse. Voilà votre enfant.... Soyez mon père.... » Le Roi attendri, ne pouvant répondre, la serra dans ses bras, et lui présenta monseigneur le duc d'Angoulême. Le Prince ne put exprimer que par ses larmes son émotion et ses sentimens.

Arrivé au Château, le Roi présenta MADAME à la Reine. Dans l'effusion de sa joie, il ne cessait de répéter à ceux qui l'entouraient : « Enfin elle est à nous; nous ne la quitterons plus; nous ne sommes pas étrangers au bonheur. » L'abbé de Frimont était dans la foule de ceux qui se pressaient pour contempler MADAME. Le Roi, le prenant par la main, le présenta à la fille de Louis XVI. Que d'illustres, que de touchans souvenirs rappelait la vue de ce pieux ecclésiastique. MADAME le prit par la main, qu'elle serra dans les siennes : ce langage muet, mais expressif, fut suivi d'un long silence.... Tout à coup, les gardes du corps s'avancèrent : « Voilà, dit le Roi à MADAME, les gardes fidèles de ceux que nous ne cessons de pleurer : leurs blessures, leur âge et leurs larmes, vous disent tout ce que je voudrais vous exprimer. »

Quelques jours se passèrent à hâter les préparatifs du mariage de l'orpheline du Temple avec Monseigneur le duc d'Angoulême. Le 10 juin, le Roi et la Reine allèrent prendre le prince et la princesse dans leurs appartemens, et les conduisirent dans la chapelle du château, où les deux époux reçurent la bénédiction nuptiale. Un autel y avait été dressé à la hâte. L'enceinte était ornée de branches de verdure et de lilas entrelacés de lis et de roses. Ce fut là, au milieu de cet appareil rustique, que les petits-fils de Henri IV, les rejetons du noble sang de Saint-Louis, reçurent la bénédiction nuptiale des mains de Monseigneur le cardinal de Montmorency.

Le contrat de mariage avait été signé par le Czar, et déposé dans les archives du sénat russe. Le jour de la cérémonie, le Roi, après le dîner, dit à ceux qui l'entouraient, avec l'air de bonté qui lui était naturel : « C'est ici la fête des Français ; mon bonheur serait complet si j'avais pu y réunir tous ceux qui se sont signalés comme vous par leur courageuse fidélité au Roi mon frère. »

Le même jour, Sa Majesté écrivit à Monseigneur le prince de Condé une lettre, pour lui annoncer cet heureux événement. Elle est trop remarquable pour que je n'en rapporte pas ici quelques passages :

« Enfin, mon cher cousin, un de mes vœux les plus ardens est accompli : mes enfans sont unis. Je retrouve dans ma nièce, avec un attendrissement plus facile à sentir qu'à exprimer, les traits réunis des infortunés auteurs de mes jours. Cette ressemblance si douce et si déchirante à la fois me la rend plus chère, et doit redoubler l'intérêt qu'elle mérite si bien par elle-même d'inspirer à tout bon Français. Le mariage a été célébré ce matin ; je m'empresse de vous l'apprendre, bien sûr que vous partagerez ma joie.... Annoncez cette heureuse nouvelle à l'armée : elle ne peut paraître que de bon augure à vos braves compagnons au moment où ils vont rentrer sur vos traces dans la carrière qu'ils ont si glorieusement parcourue. Ajoutez-leur, de ma part, que j'ai commencé à retrouver le bonheur ; mais il ne sera complet pour moi que le jour où je pourrai me trouver parmi eux au poste où l'honneur m'appelle. »

En même temps, dans une lettre adressée à ses envoyés auprès des Rois de l'Europe, Sa Majesté ajoutait : « Cette alliance me comble de joie ; mais, quelque bonheur personnel qu'elle me promette, c'est bien moins encore pour moi que j'en jouis que pour mes fidèles sujets. Ils verront avec attendrissement l'unique rejeton du Roi-Martyr que nous pleurons fixé à jamais auprès du trône; et moi, lorsque la mort sera venue m'empêcher de travailler à leur bonheur, je leur aurai du moins donné une mère qui ne pourra jamais oublier ses propres infortunes qu'en rendant ses enfans heureux, et à laquelle la Providence a accordé toutes les vertus et les qualités nécessaires pour réussir. »

CHAPITRE III.

Situation de la France, le Roi quitte Mittau.

Bonaparte, devenu premier consul, chercha à profiter de sa fortune. Il commença par mettre un frein à l'anarchie. Par son ordre, les portes de la patrie furent ouvertes aux proscrits; les autels furent rétablis; les finances, livrées au désordre et à la dilapidation, furent assujetties à une régularité certaine, et la France, après dix ans de troubles et dissensions, commença à respirer. Cet autre Cromwell fut salué par les plus vives acclamations lorsqu'il porta ses vues sur le recueil immense des lois qu'avaient créé les gouvernemens révolutionnaires qui s'étaient succédé en France, et qu'au titre de conquérant il joignit le titre plus noble de législateur et de père de la patrie. Peut-être, dans les premiers momens de cette fortune brillante, ne songea-t-il pas à s'emparer du pouvoir, et à placer la couronne sur sa tête; mais la bataille de Marengo et la paix avec le Czar rendirent Bonaparte l'arbitre des destinées de l'Europe, et, en lui ouvrant une nouvelle carrière de gloire, le précipitèrent vers l'usurpation. On sait quels tristes événemens signalèrent son avénement au trône.... La France pleurera long-temps ce jeune héros qu'il offrit à la révolution. Mais ne devançons pas les événemens.

Le Czar tout à coup se laissa séduire par les envoyés de Bonaparte : il fit un traité avec la république française, et son alliance fut cimentée par l'ordre qu'il donna de faire sortir le Roi de France de ses Etats Cet ordre arriva le 21 janvier 1801. Le monarque exilé reçut cette nouvelle avec un calme inaltérable, et son courage sembla s'accroître avec ses infortunes. MADAME était là : accoutumée aux souffrances, elle n'hésita pas à suivre celui qui lui tenait lieu de père. « Je ne me séparerai pas de vous, disait cette auguste princesse, et vos peines seront les miennes. » Ce départ fut un triomphe pour la fille du Roi-Martyr : nouvelle Antigone, elle partit le 22 janvier, avec son Roi, accompagné de M. le comte d'Avaray, ce noble ami du Prince, de M. l'abbé de Frimont et de madame la duchesse de Serent. Le premier jour, un gentilhomme islandais leur offrit l'hospitalité, bravant ainsi la colère du Czar; le lendemain, les augustes voyageurs ne trouvèrent d'asile que dans une misérable auberge, remplie de paysans et d'aventuriers. MADAME ne put goûter quelques instans de repos que dans un fournil glacial, tandis que le Roi de France reposait dans le stube commun.

Le troisième jour, une horrible tempête força les augustes voyageurs à faire une partie du chemin à pied. Des tourbillons de neige aveuglaient les conducteurs et effrayaient les chevaux. Le Roi de France, appuyé sur son auguste nièce, se dirigea au milieu des déserts de la Lithuanie jusqu'à un gîte plus misérable encore que celui de la veille. La fille du Roi-Martyr ranimait tout le monde par sa douceur et sa constance héroïque : « Je ne souffre, disait-elle, que des malheureux qui nous entourent. » Le Roi, toujours supérieur aux événemens, ne montra pas moins d'énergie : il ne s'occupait que de ses serviteurs et de son auguste nièce. Le lendemain, on éprouva un moment de consolation : le baron de Jatz reçut dans son château les illustres exilés, et leur montra tous les égards dus au noble sang de Bourbon et à tant d'infortune et d'héroïsme. Arrivés sur les frontières, la garde russe prit les armes, et rendit encore à Louis XVIII errant et fugitif les honneurs qui sont dus à la majesté royale. Le 27 janvier, le Roi de France arriva à Memel, et prit aussitôt l'incognito : il continua son voyage sous le nom de comte de Lille; MADAME, duchesse d'Angoulême, prit celui de marquise de la Meilleraye.

Après quelques jours de repos, on se préparait à partir pour Kœnigsberg, lorsqu'on apprit que le Czar, bizarre dans son despotisme, avait étendu ses mesures de rigueur jusque sur les cent gardes du corps, reste noble et vénérable des fidèles serviteur du Roi-Martyr. Pour la première fois, MADAME sentit son noble cœur lui faillir. Les illustres exilés attendirent l'arrivée de ces héros de la fidélité. L'entrevue fut déchirante; le Roi ne put retenir ses larmes. Il dit à M. de Montlezun, en lui serrant la main : « Mon ami, quand on a le cœur pur, c'est au dernier terme de l'adversité qu'un Français doit redoubler de courage. » Puis, s'adressant aux autres gardes : « Messieurs, leur dit-il, si mon courage m'abandonnait, ce serait chez vous que j'irais en reprendre et me retremper. »

Madame, cet ange *que le Ciel avait laissé*

au Roi pour sa consolation (1), écrivit à la Reine de Prusse pour demander un asile pour son royal oncle et pour son mari. Le Roi de Prusse accorda généreusement Varsovie. Un des ancêtres de Louis XVIII y avait régné, et le monarque proscrit ne se trouva pas étranger dans cette ancienne capitale de la Pologne. Etrange destinée des maisons royales de l'Europe ! soixante ans auparavant, lorsque Stanislas se vit contraint de fuir de Dantzich, et de s'éloigner de ses troupes fidèles, il se trouva en butte à une tempête affreuse ; réduit à chercher un asile au milieu des roseaux, il ne trouva d'abri que sous la chaumière d'un pêcheur et d'asile que dans une ville de la Prusse. Mais la Providence lui avait réservé un asile en France, et à sa fille le trône de Saint-Louis ! et Louis XVIII et la fille de Louis XVI devaient encore éprouver pendant quinze ans les plus nobles infortunes, errer sans pouvoir, sans scèptre, avec quelques amis fidèles, avant que la Providence les rendît à leur peuple à leur patrie.

---

(1) Lettre de M. le duc d'Avaray.

CHAPITRE IV.

Proposition faite au Roi par Bonaparte.

La fin tragique de Paul Ier. semblait devoir amener un changement dans la politique de l'Europe. Bonaparte, usant de sa puissance, avait exigé de l'Autriche le licenciement de l'armée de Condé, comme si un petit nombre de soldats fidèles lui eût fait peur; et cet homme qui donnait des sceptres à son gré, parlait en maître à la confédération germanique, et venait, par le traité d'Amiens, de faire reconnaître sa prépondérance en Europe, n'osait ceindre le bandeau des Rois et monter sur le trône. Ce trône appartenait aux Bourbons, et une ombre invisible semblait s'y être assise. Il pensa que l'infortune avait peut-être abattu leur grande âme, et osa leur proposer une renonciation à leurs droits. Haugwits, premier ministre du cabinet prussien, fut chargé de cette négociation délicate, et le président de la régence de Varsovie reçut l'ordre de pressentir Louis XVIII.

Le 26 février 1803, M. Meyer se présenta chez le Roi de France, et sollicita une audience. A peine se trouva-t-il en présence de S. M., qu'il osa lui proposer la renonciation au trône, et le royaume d'Italie pour indemnités. Le fils de Louis XIV, aussi grand dans les fers que son illustre aïeul au comble de sa gloire, lui fit une réponse aussi noble que digne de son nom, de ses aïeux, et de la France :

« Je ne confonds pas ici Bonaparte avec ceux qui l'ont précédé. J'estime sa valeur, ses talens militaires ; je lui sais gré de plusieurs actes d'administration, car le bien qu'on fait à mon peuple me sera toujours cher. Mais il se trompe s'il croit m'engager à transiger sur mes droits : loin de là, il les établirait lui-même, s'ils pouvaient être litigieux, par la démarche qu'il fait en ce moment.

« J'ignore quels sont les desseins de Dieu sur ma race et sur moi ; mais je connais les obligations qu'il m'a imposées par le rang où il lui a plu de me faire naître. Chrétien, je remplirai ces obligations jusqu'à mon dernier soupir. Fils de Saint-Louis, je saurai, à son exemple, me respecter jusque dans les fers ! Successeur de François Ier, je veux du moins pouvoir dire comme lui : « Nous avons tout perdu, fors « l'honneur! »

Au bas était écrit, de la main de Monseigneur le duc d'Angoulême.

« Avec la permission du Roi mon oncle, j'adhère de cœur et d'âme au contenu de cette note. »

M Meyer lui témoigna combien il était à craindre que Bonaparte, irrité de cette réponse, n'usât de son influence pour aggraver les malheurs de S. M., et lui retirer les subsides que lui faisaient les puissances. — Je crains peu la pauvreté, répondit le Roi; je n'hésiterais pas, s'il le fallait, à manger du pain noir avec ma famille et mes serviteurs. Si je voulais être riche, je n'aurais qu'à tendre la main, non à l'usurpateur, jamais, mais à mes fidèles sujets. Croyez-moi, je serais bientôt riche. »

L'envoyé parut craindre que le Roi ne trouvât plus d'asile sur le continent. « Je plaindrai, dit Louis XVIII, le souverain qui se croira forcé de me refuser un asile, et je m'en irai. »

Le Roi écrivit aussitôt à MONSIEUR, qui se trouvait en Angleterre, pour lui donner avis de tout ce qui s'était passé, et lui demander son adhésion, ainsi que celle de tous les membres de la famille des Bourbons. Les princes, à la voix de M. le comte d'Artois, se réunirent à Wanste-Housle, le 23 avril, et signèrent la déclaration suivante :

« Nous, princes soussignés, frère, neveu et cousin de Sa Majesté Louis XVIII, Roi de France et de Navarre;

« Pénétrés des mêmes sentimens dont notre souverain seigneur et Roi se montre si glorieusement animé dans sa noble réponse à la proposition qui lui a été faite de renoncer au trône de France, et d'exiger de tous les princes de sa maison une renonciation à leurs droits imprescriptibles de succession à ce même trône; déclarons :

« Que notre attachement à nos devoirs et à notre honneur ne pouvant jamais nous permettre de transiger sur nos droits, nous adhérons de cœur et d'âme à la réponse de notre Roi; qu'à son illustre exemple, nous ne nous prêterons jamais à la moindre démarche qui pût avilir la maison de Bourbon, et lui faire manquer à ce qu'elle se doit elle-même, à ses ancêtres, à ses descendans.

« Et si l'injuste emploi d'une force majeure parvenait (ce qu'à Dieu ne plaise!) à placer, de fait et jamais de droit, sur le trône de France, tout autre que notre Roi légitime, nous suivrons avec autant de confiance que de fidélité la voix de l'honneur, qui nous prescrit d'en appeler, jusqu'à notre dernier soupir, à Dieu, aux Français, et à notre épée. »

« Votre commune adhésion à ma réponse, manda aussitôt le Roi au prince de Condé, m'a exalté, m'a rendu fier d'être votre aîné. Je l'ai reçue, avec le serment qui la termine si noblement. Mais, je vous avoue ma faiblesse, mon amour-propre a encore peut-être plus joui de votre lettre particulière. L'approbation d'un parent justement chéri, d'un guerrier blanchi sous les lauriers, d'un connaisseur si délicat en matière d'honneur, est la récompense la plus flatteuse pour celui qui n'a au fond d'autre mérite que d'avoir fait son devoir. »

Bonaparte, irrité de cette noble résolution du chef et des princes de la maison de Bourbon, jura la perte totale de tout ce qui portait un nom si cher aux Français. L'histoire dira un jour par quelle noire trahison le vainqueur de Marengo fit assassiner le dernier des Condés. Les murs de Vincennes portent encore les traces de ce sang auguste qu'il fit verser par des misérables, à peu de distance de ces chênes où le Roi Saint-Louis *venait se soulacier et s'ébattre*.

Le Roi, à cette nouvelle, fut pénétré d'horreur,

L'assassin, ne mettant plus dès lors de bornes à ses projets audacieux, monta sur un trône ensanglanté, et la Révolution, souriant à l'aspect de la victime qu'il venait de lui immoler, lui donna les titres d'*empereur* et de *grand*. Le Roi réclama contre cette usurpation, et adressa à tous les souverains la protestation suivante :

Varsovie, le 5 juin 1824.

« En prenant le titre d'empereur, en voulant le rendre héréditaire dans sa famille, Bonaparte vient de mettre le sceau à son usurpation. Ce nouvel acte d'une révolution où tout dès l'origine a été nul ne peut sans doute infirmer mes droits ; mais comptable de ma conduite à tous les souverains dont les droits ne sont pas moins lésés que les miens, et dont les trônes sont tous ébranlés par les principes que le sénat de Paris a osé mettre en avant ; comptable à la France, à ma famille, à mon propre honneur, je croirais trahir la cause commune en gardant le silence en cette occasion. Je déclare donc, en présence de tous les souverains, que, loin de reconnaître le titre impérial que Bonaparte vient de se faire déférer par un corps qui n'a pas même d'existence légale, je proteste contre ce titre et contre les actes subséquens auxquels ils pourraient donner lieu. »

Les Rois de l'Europe étaient alors courbés sous le joug de l'usurpateur. Le Roi de France seul dans les fers bravait sa puissance. Instruit que Charles IV avait envoyé l'ordre de la Toison d'or à l'assassin de monseigneur le duc d'Enghein, il se hâta de lui écrire la lettre suivante :

« C'est avec regret que je vous envoie les insignes de l'ordre de la toison d'or, que S. M. votre père, de glorieuse mémoire, m'avait confiés : il ne peut y avoir rien de commun entre moi et le grand criminel que l'audace et la fortune ont placé sur mon trône, qu'il a eu la barbarie de teindre du sang pur d'un Bourbon, le duc d'Enghien. La religion peut m'engager à pardonner à un assassin ; mais le tyran de mon peuple doit toujours être mon ennemi. Dans le siècle présent, il est plus heureux de mériter un sceptre que de le porter. La Providence, par des motifs incompréhensibles, peut me condamner à finir mes jours en exil; mais ni la postérité ni mes contemporains ne pourront dire que dans le temps de l'adversité je me suis montré indigne d'occuper jusqu'au dernier soupir le trône de mes ancêtres. »

CHAPITRE V.

Nouvelle résidence du Roi à Mittau.

DANS le mois d'avril 1805, les deux princesses vinrent rejoindre le Roi. Peu de jours après leur arrivée, le feu prit au château. L'incendie commença par l'aile du château occupée par le bataillon d'artillerie. Le Roi, au premier coup de tambour, se leva et donna lui-même les ordres nécessaires. Le bruit courut alors qu'une main ennemie avait tramé cet attentat, et diverses circonstances vinrent confirmer ce soupçon. On découvrit dans une aile du château des matières combustibles qui y avaient été cachées; deux jours après l'événement, les gardes du corps aperçurent une colonne de fumée au-dessus des appartemens du Roi. Des matières enflammées y avaient été apportées, et le feu était prêt à se communiquer au plafond. L'heureuse vigilance des serviteurs du monarque en arrêta les progrès.

Cependant, l'Autriche, lasse de son humiliation, et toujours incertaine dans ses projets, voulut encore tenter le sort des armes. Cette guerre malheureuse ne fit que rehausser la gloire du vainqueur de l'Italie. En peu de jours Vienne fut occupée; la paix de Presbourg assura la puissance de Bonaparte; et la Prusse, qui avait refusé de ce joindre à l'Autriche, poussée par un ministre inhabile et imprévoyant, ayant voulu à son tour se mesurer avec le vainqueur de l'Italie, vit périr sa gloire et sa réputation à la glorieuse journée d'Iéna, où presque tous les corps d'armée prussiens se virent contraints de capituler. Sur le champ de bataille, la Silésie opposa seule quelque résistance. L'empereur Alexandre courut aussitôt aux armes pour défendre le Roi de Prusse et préserver ses propres Etats, et vers la fin de l'année 1806, les deux plus grandes nations de l'Europe se trouvèrent en présence. Les Russes attaquèrent les légions immortelles qui semblaient accoutumées à la victoire, et si l'aigle russe fut vaincue, ce ne fut pas sans gloire.

Quelques prisonniers français furent envoyés à Mittau. A cette nouvelle, le Roi leur envoya l'abbé Edgeworth pour leur porter des secours et des consolations. Les prisonniers se trouvaient en butte à une fièvre contagieuse, dont le pieux ecclésiastique se trouva bientôt atteint. Madame, tremblante pour les jours du confesseur de son père, voulut elle-même lui prodiguer les soins qu'exigeait son état. Vainement lui représenta-t-on le péril auquel elle s'exposait : rien ne put vaincre sa noble résolution, et c'est entre les bras de la fille de Louis XVI que le dernier consolateur du Roi-Martyr rendit le dernier soupir ! Sa mort plongea dans le deuil la famille royale. Monseigneur le duc d'Angoulême, M. l'archevêque de Rheims et les principaux seigneurs de la cour, accompagnèrent à pied sa dépouille mortelle jusqu'à la tombe, et le Roi écrivit une lettre de consolation au frère de l'abbé Edgeworth.

« La lettre que M. l'archevêque de Rheims vous écrit, Monsieur, vous instruira de la douloureuse perte que nous venons de faire. Vous regretterez le meilleur et le plus tendre des frères. Je pleure un ami, un bienfaiteur, un consolateur qui avait conduit le Roi mon frère aux portes du Ciel et m'en traçait à moi-même la route. Le monde n'était pas digne de le posséder long-temps. Soumettons-nous, en nous attachant à la pensée qu'il a reçu le prix de ses vertus. Mais il ne nous est pas défendu d'embrasser des consolations d'un ordre supérieur :

je vous en offre dans l'affliction générale que ce malheur a causée. Oui, Monsieur, la mort de monsieur votre frère a été une calamité publique. Ma famille, tous les fidèles Français qui m'entourent, ont, ainsi que moi, cru perdre un père, et notre affliction a été partagée par tous les habitans de Mittau; toutes les classes, toutes les croyances, se sont réunies à ses funérailles, et une douleur uuiverselle l'a accompagné à sa dernière demeure.

« Puisse ce récit adoucir votre peine! Puissé-je donner ainsi à la mémoire du plus respectable des hommes une nouvelle preuve de vénération et d'attachement. »

Ce fut à cette époque que l'empereur Alexandre passa à Mittau, se rendant au quartier général de son armée. Il arriva à sept heures du soir. Le gouverneur de la Courlande accourut aussitôt annoncer son arrivée au roi de France, et Monseigneur le duc d'Angoulême se préparait à sortir pour le complimenter, lorsque le Czar lui-même entra dans le château, accompagné du comte de Tolztoï. En montant l'escalier, il interrogea avec le plus tendre intérêt M. le comte d'Avarray, sur la santé du Roi son maître. Louis XVIII se ressentait encore d'une attaque de goutte; il s'avança jusqu'à la porte d'entrée de son appartement : là, les deux princes se rencontrèrent et s'embrassèrent. Après les premiers complimens, le Czar et le Roi entrèrent dans un cabinet où ils restèrent près d'une heure ensemble.

L'empereur rendit ensuite visite à la reine et à Madame. Après un quart-d'heure de cercle, le Czar quitta la famille royale et partit. Le génie du conquérant le suivit à Friedland, et l'empereur Alexandre, par la paix de Tilsitt, cimenta l'asservissement de l'Europe.

CHAPITRE VI.

Séjour du Roi en Angleterre.

Après le traité de Tilsit, l'Europe fléchit sous la main puissante de l'homme extraordinaire qui s'était assis sur le trône de ses rois. Le monarque exilé se vit encore contraint, par le malheur des temps, de quitter la terre hospitalière, et d'aller chercher un asile dans cette île que les flots de l'Océan mettaient à l'abri des entreprises du conquérant. Le Roi de Suède, Gustave-Adolphe, fit préparer la frégate la Fraya pour S. M. Louis XVIII. Le Roi de France débarqua à Varmouth dans le plus strict incognito. Il alla habiter la belle habitation de Gosfield, dans le comté d'Essex; et ce ne fut que vers l'an 1808 que la Reine et Madame vinrent se réunir au monarque.

La Reine, deux ans après son arrivée en Angleterre, mourut à Gosfield. Cette vertueuse princesse, sœur du Roi Amédée de Savoie, dont les révolutions avaient respecté le noble caractère, alliait, comme son frère, un courage à toute épreuve aux qualités aimables de la maison royale dont elle était issue.

Ses funérailles furent célébrées à Londres avec la plus grande solennité et les cérémonies observées aux obsèques des Reines de France. Son corps fut déposé dans l'abbaye de Westminster, et les plus illustres personnages de l'Angleterre y assistèrent. Le Roi quitta alors Gosfield et fixa sa résidence au château d'Hartwell, dans le comté de Buckingham. Les pauvres de cette contrée se souviendront long-temps de l'illustre exilé et de MADAME Royale; le nom de ce prince vivra long-temps dans le cœur des habitans; et cette gloire, moins éclatante, lui survivra plus long-temps que les trophées élevés à sa mémoire.

Les princes de son auguste maison se réunirent alors auprès de lui pour adoucir sa noble douleur, et depuis ils continuèrent à résider à Hartwel; ceux qui ne purent fixer leur demeure auprès du Roi s'empressaient de venir souvent lui présenter leurs hommages. On y voyait quelquefois Monseigneur le Prince de Condé, noble fils de France, qu'un étranger avait privé traitreusement de son dernier rejeton.

Madame se rendait aussi quelquefois à Londres. La première fois qu'elle y parut dans une fête donnée à l'occasion de l'anniversaire de la naissance du Roi Georges, tous les regards se fixèrent sur la royale orpheline. La fille du Roi-Martyr montrait sur son front la serénité de la vertu unie à tout le calme de la résignation. Chacun en la voyant se rappela les infortunes de cette illustre princesse, et fit des vœux pour que le Ciel y mît enfin un terme.

Cependant Napoléon ne mettait plus de bornes à ses projets gigantesques. Son empire s'étendait depuis les bords du Tage jusqu'au Danube. Maître de l'Italie, de la Belgique, d'une partie de l'Allemagne, il se laissa aveugler par la fortune, et fut lui-même la cause de sa ruine. La France se souviendra long-temps de cette déplorable expédition de Moscou, où l'élite de nos braves succomba au milieu des neiges de la Russie. Ces vieilles bandes, qui avaient dompté l'Europe et porté la gloire du nom Français jusqu'aux extrémités du monde, trouvèrent alors un tombeau dans les déserts de la Scythie. Le cœur royal de Louis XVIII en fut navré de tristesse. Il écrivit à l'empereur de Russie cette lettre touchante qui peint bien la sollicitude de ce prince pour les Français :

« Le sort des Russes a fait tomber dans les mains de Votre Majesté Impériale plus de cent cinquante mille prisonniers; ils sont la plus grande partie Français. Peu importe sous quels drapeaux ils ont servi: ils sont malheureux, je ne vois parmi eux que mes enfans; je les recommande à la bonté de Votre Majesté Impériale; qu'elle daigne considérer combien un grand nombre d'entre eux ont déjà souffert, et adoucir la rigueur de leur sort! Puissent-ils apprendre que leur vainqueur est l'ami de leur père. Votre Majesté ne peut pas me donner une preuve plus touchante de ses sentimens pour moi! »

Ce fut à Moscou que s'évanouit la fortune du dominateur de l'Europe. Le prestige qui l'entourait disparut, et son génie sembla l'abandonner. Bientôt les défaites de Leipsik, la malheureuse issue de la guerre d'Espagne, le soulèvement de l'Italie, amenèrent les armées étrangères sur nos frontières; nos provinces furent inondées de hordes ennemies; les colonnes russes et prussiennes pénétrèrent jusque dans la capitale; tout allait périr, lorsque le Roi parut comme un ange de paix au milieu de nous, et vint se placer entre les hordes du Nord et la France. Bordeaux fut la première ville qui reconnut son autorité : un fils de France y était entré l'olivier à la main. Toulouse avait suivi son exemple, et la capitale avait pris l'initiative. Le conquérant, abandonné au milieu des Français, voulut en vain donner une preuve de ses droits au trône en abdiquant : ces droits n'étaient fondés que sur son épée, et la Providence, en la brisant, le laissait sans force et sans appui au milieu de ces Rois qu'il avait long-temps humiliés.

FIN DE LA PREMIÈRE PARTIE.

TABLE

DES MATIÈRES.

PREMIÈRE PARTIE.

VIE DE LOUIS XVIII JUSQU'A SON RETOUR EN FRANCE.

LIVRE PREMIER.

ÉDUCATION ET ÉMIGRATION DU PRINCE. — SA VIE JUSQU'A SON AVÉNEMENT AU TRONE.

LIVRE II.

VIE DU ROI DEPUIS SON AVÉNEMENT AU TRONE JUSQU'A SON VOYAGE EN RUSSIE.

LIVRE III.

VIE DU ROI LOUIS XVIII DEPUIS SON ARRIVÉE A MITTAU JUSQU'A SON RETOUR EN FRANCE.

www.ingramcontent.com/pod-product-compliance
Ingram Content Group UK Ltd.
Pitfield, Milton Keynes, MK11 3LW, UK
UKHW022105190726
13855UKWH00002B/648

9 782013 187398